京津冀地区装备制造业产业升级研究

RESEARCH ON THE UPGRADING OF EQUIPMENT MANUFACTURING INDUSTRY IN BEIJING–TIANJIN–HEBEI REGION FROM THE PERSPECTIVE OF DOUBLE VALUE CHAINS

—— 基于双重价值链的视角

赵 桐 宋之杰 马 红 ◎ 著

经济管理出版社

ECONOMY & MANAGEMENT PUBLISHING HOUSE

图书在版编目（CIP）数据

京津冀地区装备制造业产业升级研究——基于双重价值链的视角/赵桐，宋之杰，马红著.—北京：经济管理出版社，2019.7

ISBN 978 - 7 - 5096 - 6786 - 6

Ⅰ.①京…　Ⅱ.①赵…②宋…③马…　Ⅲ.①制造工业—产业结构升级—研究—华北地区　Ⅳ.①F426.4

中国版本图书馆 CIP 数据核字（2019）第 154190 号

组稿编辑：杜　菲
责任编辑：杜　菲
责任印制：黄章平
责任校对：王纪慧

出版发行：经济管理出版社
　　　　　（北京市海淀区北蜂窝 8 号中雅大厦 A 座 11 层　100038）
网　　　址：www. E - mp. com. cn
电　　　话：(010) 51915602
印　　　刷：三河市延风印装有限公司
经　　　销：新华书店
开　　　本：720mm × 1000mm/16
印　　　张：14.50
字　　　数：218 千字
版　　　次：2019 年 7 月第 1 版　　2019 年 7 月第 1 次印刷
书　　　号：ISBN 978 - 7 - 5096 - 6786 - 6
定　　　价：78.00 元

前　言

　　装备制造业是为国民经济各行业提供技术装备的战略性和基础性产业，是中国的重点发展产业，对于国家核心竞争力的培育和增强、国家经济增长和工业化具有至关重要的作用。随着全球价值链分工的不断细化，中国尤其是沿海地区在全球价值链中迅速实现了经济的崛起和工业化，获得了以出口为导向的第一波"全球化红利"。然而随着全球经济格局的变化和"人口红利"的消失，外需持续疲软，第一波"全球化红利"已基本透支，"低端锁定"和"挤出风险"的双重困境使中国装备制造业在国际竞争中面临极大挑战。装备制造业的全球化战略亟须调整。随着产品分工不断细化，国际分工与区域协作并存，国家价值链作为全球价值链的延伸，对于产业转型升级的意义越来越重要。同时，京津冀地区作为中国三大经济增长极之一，装备制造业的产业升级问题也成为京津冀协同发展的关键问题。

　　本书在全球价值链和国家价值链融合的双重价值链视角下，对京津冀地区装备制造业的产业升级的现状、主要影响因素、升级路径、升级效率等方面进行了详细的研究和分析。具体来说，本书主要进行了如下研究工作：

　　从产业规模和产业结构两个层面评价了京津冀地区装备制造业的产业发展情况；运用增加值分解模型分解区域流出价值构建指标，评价了京津冀地区装备制造业在双重价值链中的地位和参与度情况；根据要素禀赋理论，构建三产品—两组合的 HO 模型，评价了京津冀地区装备制造业子行业的产业升级情况。

针对装备制造业产业升级的主要影响因素，运用 SDA 方法测度了科技创新投入对京津冀地区装备制造业创新绩效的影响；构建生产性服务业与装备制造业的正、反向融合度，产业感应力系数和产业影响力系数，评价了生产性服务业与装备制造业融合对于装备制造业产业升级的影响；运用 VAR 模型，评价了 IFDI 和 OFDI 对于装备制造业产业升级影响的短期和长期影响机制。

根据价值链微笑曲线理论，构建了工艺流程升级路径、产品升级路径、功能升级路径和链条升级路径 4 种产业升级路径的概念框架；运用增加值平均传递步长方法对京津冀地区装备制造业在双重价值链中的价值链微笑曲线形态进行了测度，与产业升级理论框架中的升级路径进行了匹配，从实证角度检验了产业升级路径的理论，结合产业异质性对不同产业和不同升级路径进行了匹配。

根据匹配出的京津冀地区装备制造业各子行业适宜的不同升级路径，综合产业升级现状和产业升级影响因素的分析结果，分别构建升级效率评价指标体系，运用三阶段 DEA - windows 方法，剔除环境变量和随机扰动的影响，对不同产业升级路径下的升级效率进行了评价，分析了京津冀地区装备制造业各子行业产业升级的效率薄弱环节。

针对京津冀地区装备制造业如何实现产业升级的问题，提出政策建议，包括提升京津冀地区装备制造业双重价值链地位，完善要素禀赋结构以提升京津冀地区装备制造业比较优势，创新驱动京津冀地区装备制造业产业升级，生产性服务业与装备制造业融合促进装备制造业产业升级，IFDI 技术溢出效应促进京津冀地区装备制造业产业升级和产业集聚促进京津冀地区装备制造业产业升级。

由于笔者水平有限，编写时间仓促，书中错误和不足之处在所难免，恳请广大读者批评指正。

目　录

第一章
绪　论

一、研究背景和意义

（一）研究背景

京津冀地区是我国三大经济增长极之一，其区域经济发展处于重要的战略关口，以占全国2.3%的土地容纳了全国8%的人口，并创造出占全国11%的国内生产总值。国家"十二五"规划中明确提出："推进京津冀区域经济一体化发展，打造首都经济圈，重点推进河北沿海地区发展。"2014年4月，中共中央政治局通过了《京津冀协同发展规划纲要》，标志着京津冀协同发展上升为国家战略。三省市在经济及协同发展战略下，已经开启了协同发展的新步伐。该纲要中明确提出要将产业升级转移作为重点领域，装备制造业产业升级问题也因此成为京津冀协同发展的关键。

装备制造业是为国民经济各部门提供技术装备的战略性产业，也是制造业的核心产业。装备制造业的建设是提高国家综合国力、实现工业化的根本保障。中国装备制造业总量已经相当庞大，2016年，中国装备制造业的贸易总额已经位居世界第一，占世界装备制造业总量的 7.2%。但是中国装备制造业的产业竞争力却不强，存在着自主创新能力弱、资源分配不均匀、国际竞争力较弱等一系列问题，产品结构大多为通用型或中低档产品，仍处于全球价值链的中低端（林桂军和何武，2015）。资本技术密集的高端装备制造业仍由发达国家主持，中国装备制造业长期陷入"俘获型"价值链"低端锁定"状态，给装备制造业的长远发展带来了威胁（赵霞，2017）。京津冀地区如何利用国家规划，促进装备制造业产业转型升级，实现装备制造业"由大变强"的产业升级，是关乎京津冀地区未来发展的关键问题。

自 20 世纪 80 年代以来，随着生产技术的不断更新换代、信息通信技术的普及和运输成本的降低，跨国公司通过复杂生产协作，将不同要素密集生产环节与世界不同国家和地区相匹配，推动了资本和其他生产要素在全球范围内的流动，形成了"全球价值链"（简兆权和伍卓深，2011）。而随着全球化的不断深入、市场的进一步扩大推动了专业化国际分工的深入，以产品内分工、生产过程"碎片化"为特征的垂直专业化把产品生产链条在全球范围内分解，形成全球价值链分工，使嵌入全球价值链的生产者充分发挥本国要素的比较优势，仅参与产品生产的某一环节或某些环节（赵勇等，2012；周大鹏，2013）。这种新型国际分工体系促进了工业制成品的生产分工不断细化。一国生产的最终产品会使用到多个国家的多种中间产品，产品价值也由多个国家和地区产品的价值共同构成（Kozo et al.，2016）。

改革开放后，影响我国装备制造业发展的最重要的因素就是全球价值链的发展。过去 40 年来，全球经济正经历生产垂直专业化蓬勃发展时期（Bladwin & Lopez – Gonzalez，2014），我国通过进口—生产和进口—出口等模式，引进外资在国内生产、销售或出口（包括加工出口），成为全球价值链体系最大的参与者，或成为全球最大的"工厂经济体"（王直等，2015；刘斌等，2016）。制造业是主要参与全球价值链的行业，其中装备制造业由于生产和工艺技术的复杂度，是制造业中高度参与全球价值链的行业,2007 年我国装备制造业参与全球价值链的程度就高达 35%,远高于其他制造业 10% 的参与度水平。

随着产品内分工不断细化,全球价值链分工成为了更加先进和高效的生产模式,参与全球价值链分工对于中国制造业的发展来说,既是机遇又是挑战。学者对参与全球价值链分工的一个担心是国内的产业将趋于低端倾向。嵌入全球价值链的方式分低端路径和高端路径两种,为了促进产业发展和经济增长,只有高端路径的嵌入方式才可能提升企业的获利能力和行业竞争力,而低端嵌入的路径可能使我国经济陷入贫困式增长的困境。目前,包括我国在内的发展中国家参与全球价值链主要是依靠国内丰富的自然资源和廉价的劳动力,承接发达国家分包出的低附加值生产环节,走的就是低端路径发展模式。长此以往,不但会造成国内自然资源的严重损耗,带来更加严重的环境问题,而且由于无法掌握产品的核心技术和市场,有可能出现"贫困式"增长局面而被长期锁定在低附加值的生产环节,也就是所谓的"低端锁定"。除此之外,由于越来越多的发展中国家参与到全球价值链分工中,谁有更低廉的物质和劳动力,谁就能更多地承接这些低附加值生产环节,互相竞争而产生的挤出效应也为装备制造业的国际发展形成了巨大的困扰和阻碍。

(二)研究目的和意义

1. 研究目的

为了突破装备制造业在发展中的瓶颈,寻求京津冀地区装备制造业产业升级的新路径,为京津冀地区装备制造业提升国际竞争力并实现产业的高端升级,本书将全球价值链与国家价值链理论研究框架统一起来,以京津冀区域装备制造业为研究主体,分析双重价值链背景下,京津冀地区装备制造业的现状、地位、产业升级的影响因素、产业升级路径以及产业升级效率等问题。

本书的研究目的主要概括为:

(1)考察京津冀地区装备制造业的发展现状,分析京津冀地区装备制造业在国家价值链和全球价值链中的地位，并与长三角地区和珠三角地区进行比较，准确定位京津冀地区装备制造业的地位。分析创新投入、生产性服务业、外商直接投资（IFDI）和对外直接投资（OFDI）对京津冀地区装备制造业的影响，分析京津冀地区装备制造业产业升级的影响因素。

（2）根据价值链微笑曲线理论，构建装备制造业产业升级路径的理论框架。考虑产业异质性，分析京津冀地区装备制造业的微笑曲线形态，识别装备制造业各子行业产业升级的路径。从装备制造业工艺流程升级、研发端功能升级和营销服务端功能升级三个层面，考察京津冀地区装备制造业产业升级的效率。

（3）在实证研究结果的基础上，为京津冀地区装备制造业如何实现产业转型升级，从双重价值链地位提升、要素禀赋结构、技术创新、双向FDI、产业集聚和政府扶持等方面提出策略和建议。

2. 研究意义

（1）研究的理论意义。将全球价值链理论拓展到国家价值链。现有研究对制造业在全球价值链中实现产业升级的问题取得了一定进展，但研究大多停留在国家层面，对国家价值链与全球价值链的联系与统一的理论机制还有待挖掘，尤其是无法体现国家价值链嵌入全球价值链的背景下，国内区域产业升级的特定优势、地位、路径和效率等问题。

丰富了产业升级理论。现有研究在讨论产业升级问题时，很少有学者考虑到新型国际分工体系下的贸易结构是否会影响产业升级，且研究多从研发角度研究产业升级。本书从双重价值链角度探讨京津冀地区装备制造业价值链微笑曲线的产业升级路径，丰富了国家价值链分工体系下的产业升级理论。

（2）研究的实践意义。明确了区域装备制造业的地位。在双重价值链体系下，明确区域装备制造业在国家价值链、全球价值链分工中的地位及参与程度，更准确地定位京津冀地区装备制造业在国家价值链和全球价值链中的地位，为进一步发展提升制造业在全球价值链中的地位，提升制造业竞争力、促进产业转型升级提供基础。

在国家价值链嵌入全球价值链体系下，考察了创新投入、生产性服务业、IFDI 和 OFDI 对京津冀地区装备制造业的影响，结合行业异质性分析了京津冀地区装备制造业产业升级的路径，并评价了不同装备制造业子行业在不同产业升级路径下的转型升级效率，为京津冀地区装备制造业在双重价值链背景下的产业升级进行系统的研究，能够对京津冀地区装备制造业的产业升级提供有益的参考。

二、国内外研究现状

（一）国外研究现状

全球价值链（Global Value Chain，GVC）是为实现商品或服务价值而连接生产、销售、使用、回收过程的全球性跨国、跨区域、跨企业的网络组织活动的形象描述。从价值形态看，包括了设计、产品开发、生产制造、营销、运输、消费、售后服务以及最后的循环利用等各个环节中的价值创造。国家如何发挥自身资源优势推动产业升级，以求在全球价值链分工中获取更大收益，成为各国学者的研究热点。随着研究的不断深入，学者们发现在全球价值链分工地位的提升要依赖于一国国家价值链（National Value Chains，NVC）的构建和完善，于是部分学者将研究重点逐渐转向国家价值链。

1. 全球价值链到国家价值链的演化

全球价值链理论起源于 20 世纪 80 年代，由 Poter（1985）提出的公司价值链演化而来。Poter（1985）认为企业是进行产品设计、生产、销售、配送及辅助活动等过程的集合体，这些活动构成了公司的价值链。Kogut（1985）将公司在一个国家中的价值链概念拓展至全球，提出价值增值链的概念。Gereffi（1994）随后提出全球商品链（Global Commodity Chain）的概念，认为世界经济中生产活动体现出网络化特征。此后，Gereffi（2001）正式提出全球价值链概念。

进入20世纪90年代，伴随经济全球化和第三次科技浪潮，国际贸易和跨国投资的自由度和非规则性越来越高，一些学者开始关注全球价值链条的片段化和空间重组问题。Jones和Kierzokwski（1990）提出碎片化生产概念，把全球价值链分工表述为"把生产过程分开来散布在不用空间区位的分工形态"。随后，Arndt和Kierzkowski（2002）使用了碎片化描述生产过程分割现象，并为生产外包和跨国公司的全球采供提供了直接的理论解释。

21世纪以来，全球一体化进程不断深入，跨国公司为了集中资源攻克核心技术和提升竞争优势，开始把一些非核心的生产环节外包，使得发展中国家有机会参与到全球价值链分工中。Arndt（1997）提出海外外包、全球外包等概念。随着以生产的国际分割为特征的全球价值链深度与广度的不断延伸，国际分工层次已经逐渐从产品细化到生产环节。Hummels（1998）把全球价值链分工描述为国际垂直专业化分工（Vertical Specialization）。Leamer和Storper（2001）提出以工序分工为描述的全球价值链分工。此后，Grossman和Rossi Hansberg（2004）提出工序贸易（Trade in Tasks）概念。Maurer和Degain（2012）认为，当产品是由世界生产而不是由某一国家生产时，传统贸易体系已经不能反映一国贸易的真实情况，即"所见非所得"。

绝大多数的研究停留在国家层面，少数学者开始探索国家内部区域之间的价值链网络结构，旨在将国家价值链与全球价值链相匹配。Hioki等（2005）运用基于投入产出的最小流量模型，研究了1987～1997年中国区域间生产网络的结构变化。Pei等（2012）利用中国区域间投入产出表，研究中国区域异质性生产函数，发现区域间贸易和区域间收入差距部分由该地区在全球价值链中的地位来解释。Beverelli等（2016）提出全球价值链应该有国内基础，国内企业和地区之间的紧密联系可以通过专业化的提高来提高生产率。Meng 等（2017）认为大多数研究忽略了国内区域异质性对全球价值链的影响，他们构建了国家价值链与全球价值链相联系的研究框架，旨在分析全球生产如何在国际和国内分散和扩展。Meng 等（2017）进一步改进了 KWW 模型，将其拓展到国内区域，运用增加值贸易概念评估中国国家价值链在区域制造业之间的联系，以提升对中国区域经济结构变化以及中国地区在国家价值链中的地位和参与度的认识。Ngo（2017）运用租金管理分析框架，认为国外供应网络为本地产业提供了激励和压力，能够促进国家价值链的形成。

2. 全球价值链的动力机制和治理模式

（1）全球价值链的动力机制。关于全球价值链形成的动力机制，大多数学者认可的观点是 Gereffi（1994）提出的驱动力假说。Gereffi 认为，全球价值链有两种驱动模式：生产者驱动型和购买者驱动型。Henderson（1998）在 Gereffi 的基础上，认为生产者驱动型价值链主要由产业资本驱动，其领导企业是拥有技术优势的跨国公司或垂直一体化企业，处于价值链不同环节的生产商，能够通过其掌握的控制权，对生产过程进行协调和管理。生产者驱动型全球价值链主要存在于汽车、通信、航空航天等资本和技术密集型产业中。购买者驱动型全球价值链是拥有品牌优势和销售渠道的大型零售商（如沃尔玛）和品牌经营商（如阿迪达斯、耐克等），通过全球采购和贴牌生产等跨国商品流通网络，培养强大的市场需求，推动那些倡导出口导向战略的欠发达国家的工业化。购买者驱动型全球价值链主要存在于劳动密集型产业中。

（2）全球价值链的治理模式。全球价值链治理由 Gereffi（1994）提出，它从两方面对全球价值链的形成产生重要影响。Humphrey 等（2000）认为，价值链治理的实质是通过参与方之间的关系安排以及互动机制，实现价值链上不同生产活动、不同环节之间的非市场化协调。他们根据企业间的权力关系和分工地位，将全球价值链治理模式划分为市场型、网络型、准层级制和层级制 4 种类型。随后，Gereffi 等（2005）通过对交易复杂度、信息可编码程度和供应商能力的考察，进一步将全球价值链治理类型归纳为市场型、模块型、关系型、俘获型和层级制 5 种模式。

通过进一步区分模块型和关系型的治理模式，可以突出反映信息特性对价值链治理关系造成的影响。在关系型治理模式下，由于信息可编码程度较低，大量默会知识需要在面对面的技术合作和交流过程中传递，这要求购买方与供应商之间建立更加紧密的合作关系与技术联络机制；在模块型治理模式下，产品的技术信息可以通过编码化的系统规则低成本地传递给供应商，而供应商可以在遵循这些标准的情况下，享有模块内的设计和开发自有资源，并可以通过将关键技术信息封装进模块内部的方式来减少不必要的知识外溢。模块化分工的这一全新特点令买卖双方之间信息和产品交换的效率大大提升，其治理模式也更加接近于市场型。

3. 价值链中制造业产业升级问题

（1）价值链中的制造业产业升级路径。学者们从不同视角分析了价值链中制造业产业升级的路径，可以分为产业内升级路径和产业间升级路径两类。

产业内升级主要是实现技术、产品的升级，以获取更高的利润，从价值链来看，是从低附加值环节向高附加值的生产环节升级。Gereffi（1999）指出，发展中国家的产业发展会经历工厂内升级、网络升级、本地化升级和区域内升级四个阶段，并可以借此完成自身主导的区域价值链的重构和治理。Kaplinsky 和 Morris（2001）认为，在嵌入全球价值链分工体系背景下，发展中国家的企业或产业集群会沿着流程升级→产品升级→功能升级→链条升级的方向顺次前进，并表现为"原始设备组装（OEA）→原始设备制造（OEM）→自有设计制造（ODM）→自有品牌制造（OBM）"的价值链功能环节攀升。

产业间升级主要是产业实现由低形态向高形态转变，主要是产业结构的升级。Gereffi（2001）、Poon（2004）认为，制造业升级是制造企业从利润较低的劳动密集型经济领域向获利能力更强的资本、技术密集型经济领域转变的能力和过程。

（2）价值链中制造业产业升级影响因素。

1）科技创新是产业升级的重要驱动力。Taglioni 和 Winkler（2014）认为发展中国家参与全球价值链可以促进技术外溢和技能升级，引进新的生产组织模式，进而提升其自主创新能力。Kong 等（2016）研究表明，参与全球价值链对中国半导体产业技术能力有显著正向影响。Li 等（2016）认为参与全球价值链刺激了汽车制造业的企业技术创新能力，促进了产业升级。

2）产业升级需要人才支撑。Freeman（2013）指出当今世界知识和人才在全球流动越来越频繁，成为决定经济产出的关键要素，发达国家优越的条件吸引发展中国家的科技人才移民海外，人才流失正成为阻碍发展中国家产业升级的一个重要因素。Zhang 和 Sims（2016）研究了中国光伏产业在全球价值链中的创新发展，发现全球市场的形成政策、国际人才流动、中国制造业的灵活性以及中国的政策是驱动光伏产业从国际创新体系转向中国的主要驱动因素。

3）外商直接投资（IFDI）的技术溢出作用促进产业升级。Yin 等（2011）认为产业升级与 IFDI 有着长期稳定关系，相互促进。Gui 和 Renard（2012）认为 IFDI 的溢出效应对区域经济增长和产业结构调整具有重要作用。Kee 和 Tang（2016）在测度中国出口国内附加值的基础上，研究了影响中国制造业产业升级的三个因素，包括汇率水平、国内投入品供应商所面临的关税及 IFDI。Ngo（2017）认为外商直接投资是产业升级的直接推动力量。

4）对外直接投资（OFDI）的逆向技术溢出作用促进产业升级。Liang（2011）的分析表明，日本 OFDI 对不同产业升级效果不同，认为其对第一、第二产业有积极影响，对第三产业有负面影响。Li（2016）研究得出 OFDI 在促进中国产业升级方面发挥了重要作用。

5）其他影响因素。Kumaraswamy 等（2012）认为全球价值链背景下，新兴市场公司提升国际竞争力，实现产业升级的实证研究不多，但已经开始有所积累。Jean（2014）研究了中国高新技术制造业在全球价值链中如何实现功能升级，发现国际贸易和产品质量优势能够促进企业的功能升级，但电子市场和技术进步的系数并不显著。Xu 等（2015）认为装备制造业服务化是通过服务功能提升产业附加值，实现产业升级的有效措施。

（3）价值链中中国制造业产业升级的效果。Humphrey 等认为，Gereffi 所描述的产业升级场景仅仅是一个"诱人的扶梯"，发展中国家企业在全球价值链上会面对准层级的治理模式，这虽然在短期内有助于其实现工艺升级和产品升级，但对于可改善国际分工地位的功能升级却会带来长期的抑制。大多数学者对中国参与全球价值链实现产业升级的效果是持肯定态度的。Los 等（2015）认为中国在全球价值链上已经逐步向上游移动。Sun 和 Grims（2016）从企业层面研究了中国信息和通信技术行业（ICT）参与全球价值链的问题，结果表明中国 ICT 参与全球价值链程度不断加深，这与产品结构模块化、生产全球化与制造业业务外包有关。虽然中国有若干企业正在迅速崛起，但由于依赖国外技术及其知识产权，大部分企业仍"锁定"在低附加值环节。

4. 价值链的定量研究方法

随着全球价值链理论研究的逐步深入，学者们开始关注价值链各个环节价值创造与利益分配的测算问题。其中，以国际贸易为依托的价值增值测算理论与方法成为了全球价值链研究的热点。随着国际分工的不断细化，各国专业化从事生产的不再是与自身比较优势相符的产品，而是与自身比较优势相符的生产环节。主要出口劳动密集型产品的国家，实际上出口的是劳动密集型生产环节的加工和组装，该环节产生的增加值很少。但根据传统的贸易统计，出口额却很大，形成了贸易收益与贸易总额的极差。传统贸易统计在新型国际分工体系下的不适用导致的"统计幻象"已经受到了广泛的关注。OECD 和 WTO（2011）提出增加值贸易（Trade in Value – added）概念，旨在将新型国际分工体系核算与碎片化国际分工相匹配。

增加值贸易核算起源于对以碎片化为特征的垂直专业化研究。HIV 等（2001）定义了垂直专业化（Vertical Specialization），并运用案例分析研究了垂直专业化贸易。研究中将包含在一国出口中从他国进口的中间投入定义为 VS，将一国出口中被他国用于生产再出口产品的价值定义为 VS1。
Koopman 等（2010）指出，HIV 方法包含两个基本假设：第一，不存在一
国进口的中间产品加工后又出口的情况；第二，中间投入会均等地使用到
内销的最终产品和用于出口的最终产品中。Daudin 等（2011）在 HIV 的
基础上，将一国出口中被他国进口用于生产最终产品后又被进口回本国的
中间产品定义为 VS1 ∗。Johnson 和 Guillermo（2012）给出了一个较正式
的增加值出口（Value – added Export，VAX）定义，用增加值出口占总出
口的比例计算，含义为一国生产而最终在他国被消化吸收的增加值。

Wang 等（2009）通过放松 HIV 的第一个假设，构建了基于世界投入
产出模型的包含众多国家的核算框架，解释了多国生产链上的增加值如何
被分解为各参与国的经济贡献，指出 HIV 方法是其核算框架中的特例。
Koopman 等（2008）放松了 HIV 的第二个假设，将加工出口中国内最终使
用、一般出口的投入产出系数区分开，但仍保留了第一个假设。Koopman
等（2010）尝试同时放松 HIV 的两个假设，基于区域间投入产出模型的分
块矩阵结构把总出口中的增加值分解为国内增加值和国外增加值，并进一
步将出口中的国内增加值分解为可显示出一国在全球价值链上的上下游位
置的成分，考察了全球价值链上增加值的区域差异性。随后，Koopman 等
（2014）整合已有的 VS、VS1、VS1 ∗ 等指标，彻底分解一国总出口为最
终在国外被吸收的增加值、出口后又折返回国内的增加值、国外增加值和
纯粹重复计算共四大类九小项。从而将垂直化专业贸易的测量进一步纳入
到一个统一相容的增加值贸易核算框架中。

（二）国内研究现状

1. 全球价值链到国家价值链的演化

随着研究的不断细化和深入，考虑到经济全球化和区域经济一体化的
双重深入，一些学者将眼光由全球价值链延伸至国家价值链，研究全球价
值链在国内的延伸。刘志彪、张少军（2008）认为在动态竞争中实现价值
链攀升较为可行的途径是，在已有全球价值链的基础上，着力延伸和大力

发展以本土企业为主的国家价值链。刘志彪、张杰（2009）认为中国要从被"俘获"与"压榨"的全球价值链中实现突破，就要加快构建以本土市场需求为基础的国家价值链网络体系。张少军（2009）认为全球价值链与国家价值链之间的互动关系，关系到我国产业升级的前景和区域发展的基础，同时利用生产一体化指数度量了广东省和江苏省的全球价值链和国家价值链程度。柴斌锋、杨高举（2011）基于非竞争型投入占用产出模型构建了高新技术产业国家价值链与全球价值链关联框架，研究发现国家价值链的高级化会明显地促进全球价值链地位的提升。张少军、刘志彪（2013）分析得出，中国目前形成的全球价值链和国家价值链之间存在着负相关关系，国家价值链没有成功对接上全球价值链。

上述学者着重从理论上探讨了全球价值链延伸至国家价值链的作用，或研究了中国部分区域国家价值链与全球价值链的对接，中国区域间投入产出表为国家价值链全面定量分析提供了可能。倪红福（2016）构建了嵌入次区域的全球投入产出模型，分析了1997年、2002年和2007年中国各区域的增加值出口情况。苏庆义（2016）将 KWW 模型应用到国家价值链中，追踪国家内部地区出口价值流向。李跟强、潘文卿（2016）拓展 KWW 和 WWZ 模型，将国家价值链和国外价值链整合到一个统一的逻辑框架内，并从垂直化专业生产、增加值供给偏好和区域再流出三个维度考察了中国各区域对全球价值链的嵌入模式。黎峰（2016）构建了国家价值链定量分析模型，对中国国家价值链分工进行实证分析，认为融入全球价值链在一定程度上阻碍了国家价值链分工的整体发展，但同时推动了各区域国家价值链参与度的提升。

2. 价值链中产业升级问题

（1）价值链分工中中国制造业的地位。国内学者普遍认为中国在最初主要从事加工、组装环节的低附加值环节，全球价值链分工地位很低。随着中国加入 WTO，中国经济的迅速发展是否提高了中国在全球价值链中的地位，学者们根据研究得出了不一致的结论。

一些学者认为，中国在全球价值链上仍处于较低位置。王飞、郭孟珂

（2014）研究了我国服装制造业在全球价值链上的地位，认为服装制造业在国际贸易中存在很强的竞争优势，但是与发达国家相比附加价值低，位于全球价值链的下游。刘琳（2015）认为 WTO 加速了中国融入全球价值链的进程，但中国在全球价值链中处于下游位置，在国际分工中地位较低。林桂军（2015）评价了我国装备制造业在全球价值链中的地位，认为复杂零部件仍主要依靠进口，装备制造业地位总体偏低。尹伟华（2016）认为中国制造业出口中国内增加值的比例不断下降，说明在全球价值链中位置不高。赖伟娟、钟姿华（2017）构建了中国、欧盟、美国、日本与其他国家或地区的投入产出模型，认为中国在全球价值链上以单环节参与为主，在全球价值链上位于下游地位。

还有一些学者认为，中国在全球价值链上的地位有所提升。鞠建东、余心玎（2014）利用上游度指标分析认为，中国出口产品结构与发达国家类似，但出口产品质量低于发达国家，得出中国与发达国家在全球价值链上"同位低质"的结论。王岚（2014）分析中国制造业在全球价值链分工中的地位，认为中国制造业的国际分工地位呈现 V 形轨迹。岑丽君（2015）认为中国已经较好地融入了全球生产网络，在全球价值链上的地位虽处于较低水平，但呈现 V 形变化趋势。李建军、孙慧（2016）认为"中国制造"确实是全球价值链中的重要部分，但是中国在全球价值链上的地位呈大幅下降后缓缓上升的"烟斗曲线"状，这与中国经济发展水平、要素禀赋和政府政策都有直接关系。

不同行业要素禀赋不同形成了不同的比较优势，参与全球价值链分工的地位也有所不同。樊茂清、黄薇（2014）认为中国加工贸易总额的比重逐渐下降，并且知识密集型产业贸易的迅速发展，使得中国在全球价值链中的地位有所提升。王岚（2014）研究发现中低技术制造业国际地位有所提升，中高技术制造业"锁定"效应明显。刘琳（2015）研究发现中高技术制造业在国际分工中的地位不断下降，低技术制造业在国际分工中的地位稳步向上游提升。王岚、李宏艳（2015）认为全球价值链嵌入位置是决定国际分工地位的关键因素，中国中、高、低技术行业在全球价值链上分别位于上、中、下游位置。岑丽君（2015）研究发现劳动密集型行业在全球价值链中地位较高，但竞争力下降明显，资本密集型和知识密集型行业在全球价值链地位低，对国家贡献小。

（2）价值链中制造业产业升级路径。20世纪90年代以来，微笑曲线被广泛地应用于全球价值链各环节附加值分析中。微笑曲线理论将价值链环节升级（制造环节、研发环节、营销服务环节）和价值链整体升级结合在一起，产业内升级是从生产、加工环节向研发设计、品牌营销等价值链高端环节攀升；产业间升级是从传统低层次产业向高新技术产业转移（简晓彬等，2016）。

毛蕴诗、熊炼（2011）认为提升制造能力，降低投入和消耗从而降低成本同样可以提升价值。他们后来又通过案例研究提出了不同微笑曲线下产业升级的10条路径。王婷婷、程巍（2016）运用微笑曲线理论对装备制造业发展现状进行了评价，提出产业升级的4条路径。魏龙、王磊（2017）认为产业之间在核心能力或核心资源上的异质性差异是决定产业升级方向的主要原因，在寻求全球价值链分工地位提升时，应该结合产业异质性，分类归纳产业升级方向。

（3）价值链中制造业产业升级影响因素。

1）科技创新是产业升级的重要驱动力。刘维林（2012）认为本土制造业要运用基于产品架构和功能架构的双重嵌入全球价值链策略才能突破低端锁定。黄宁、张国胜（2015）认为，发达国家由于具有发展中国家欠缺的关键生产技术和高级生产要素优势，其在全球价值链分工中的地位将会不断巩固，发展中国家若无法跳出现有发达国家掌控下的技术轨道，实现技术突破和创新，只能依靠技术转移和技术溢出获取少量的技术资本，将永远无法实现赶超。刘志彪（2015）认为在全球价值链的基础上，可以通过扩大内需战略的实施，逐步转向嵌入全球创新链，实现要素驱动和投资驱动向创新驱动轨道的发展。周忠民（2016）认为科技创新与产业结构之间存在长期协整关系。张二震（2017）认为在以往制造业积累的基础上，将产业链同创新链融合，对我国制造业利用全球创新资源、实现创新驱动发展具有重要作用，顺应并抓住"逆向创新"，有助于制造业集聚诸如研发等高端生产要素，为价值链攀升奠定要素基础。

2）产业升级需要人才支撑。李梅（2011）利用国际 R&D 溢出模型研究了国际 R&D 溢出对我国的影响，研究表明我国人力资本的积累未能达到有效吸收国际 R&D 资本的要求，使其未能在对外投资逆向技术溢出中发挥积极作用。霍影等（2014）以人才培养对于产业升级的智力支撑微视角，考察人才结构调整对产业结构升级的适配度问题。李静（2015）将人力资本匹配到全球价值链分工中，认为中国参与全球价值链分工仍处于加工、装配等低附加值环节，要通过提高自主创新能力，培育与外向经济发展优势相匹配的人力资本来实现产业升级。

3）产业升级受到中国对外贸易的影响。高敬峰（2013）实证研究表明，发达国家的进口产品对于中国出口产品的技术水平有明显的促进作用，并且在垂直专业化水平较高、R&D 投入水平较高的行业表现得更加明显。何雄浪、张泽义（2014）研究发现，从全国来看，进口贸易总体上对经济增长率有正向促进作用，国内研发投入不利于技术溢出，而对外开放对技术溢出产生积极影响。刘维林等（2014）认为来自发达国家高技术水平的进口品，容易使中国制造业形成对链主的单向技术依赖，恶化"低端锁定"形势，而利用其他国家进口品能够提升中国出口技术复杂度。李宏、刘坤（2016）认为外资企业相对本土企业平均生产率更高，技术溢出效应成为本土企业技术进步、效率提升的重要渠道，同时外资企业对高规格零部件的要求倒逼上游的本土企业转型升级。王惠等（2017）研究发现，从全国范围来看，进口贸易对工业技术创新效率产生杠杆效应，出口贸易对工业技术创新效率存在明显的挤出效应。刘海洋等（2017）研究表明，进口中间品能显著提升中国企业出口产品质量，剔除加工贸易后结果更加显著。

4）生产性服务业对制造业产业升级有重要影响。周大鹏（2013）通过投入产出数据实证分析表明，服务中间投入对制造业产出具有显著影响，但服务要素投入对不同类型制造业升级的影响程度不同。刘斌、王乃嘉（2016）认为制造业投入服务化加快了企业出口由量变到质变的进程。张二震（2017）认为利用服务业碎片化的发展机遇，有助于推动我国服务业和服务贸易大发展。

5）外商直接投资（IFDI）的技术溢出作用促进产业升级。金京等（2013）认为外资企业通过 IFDI 对本土企业进行外向配套的过程中，会产生主动外溢和非主动外溢两种极为显著的正向效应，有助于本土企业成长进而促进产业升级。贾妮莎等（2014）认为 IFDI 已经成为拉动中国制造业产业升级的新动力之一。孟萍莉等（2017）研究发现生产性服务业 IFDI 对制造业产业升级起到了积极的推动作用。

6）对外直接投资（OFDI）的逆向技术溢出作用促进产业升级。贾妮莎等（2014）认为 OFDI 对产业结构合理化的产业升级促进效果更加显著。张海波（2014）认为发达国家 OFDI 促进了母国贸易品的技术含量，而发展中国家 OFDI 对出口贸易品技术含量产生抑制作用。孟萍莉等（2017）研究发现生产性服务业 OFDI 对制造业产业升级起到了积极的推动作用。

7）其他影响因素。王永进等（2010）研究表明，基础设施建设对于出口技术复杂度的促进作用明显。黄先海、余骁（2017）认为以"一带一路"国际产能合作为契机构建以中国为核心枢纽的双向嵌套型全球价值链分工新体系，是中国突破"俘获式困境"，提升国际分工地位和产业升级的关键。

（4）中国制造业产业升级效果。刘志彪等（2008）、卓越等（2008）认为，发展中国家通过国际分工参与全球价值链是一种新型的依附关系，发展中国家在"被俘获"的准层级治理型价值链中被锁定在低附加值生产环节，国内产业收益分配状况日趋恶化和"悲惨增长"。张其仔、李蕾（2017）借助模糊 C 均值聚类法，对各省区市制造业转型升级情况进行分析，发现中国制造业转型升级整体上呈现出东部转型升级层次最高、趋势最明显，中部其次，西部层次最低、趋势最弱的特征。李慧、平芳芳（2017）研究发现装备制造业产业结构合理化水平较高，且呈逐年增长趋势，但产业结构高度化水平整体偏低。张亭、刘林青（2017）研究发现，制造业的产品复杂度对制造业升级发展的影响相比于全产业抑制作用弱化。

3. 价值链的定量研究方法

（1）贸易总值视角下的研究。在该视角下，中国参与全球价值链分工，不同产业在全球价值链分工中的地位和价值主要体现在国内技术含量中，通过技术复杂度指数与投入产出表结合进行计算，分析出口产品中国内技术含量的水平与变化特征。姚洋、张晔（2008）首次提出国内技术含量（Domestic Technological Content）概念，将技术复杂度与投入产出表结合，并用进口中间品使用量比例排除了进口中间品的影响。盛斌（2008）区别于姚洋的研究之处为，用 R&D 支出代替人均 GDP 计算技术复杂度，结果表明工业行业的产品国内技术含量越低，垂直专业化程度越高。孟猛（2012）利用类似方法分离了进口中间品的技术含量，计算出 1995～2005 年中国出口品国内技术含量。但由于技术复杂度无法反映不同产品技术水平的相对地位，另外将所有进口品都作为中间产品投入扣除造成国内技术含量的严重低估。祝树金、张鹏辉（2013）采用出口技术复杂度的标准化指数，测算 1992～2010 年中国制造业出口产品的国内技术含量，认为中国生产过程中融入了大量的"复杂"中间进口品，国内技术含量的作用逐渐下降。

以上研究均认为中国出口产品技术含量水平较低且持续下降，还有一些学者得出了不一致的结论。谢锐等（2013）运用出口品的技术高度指数代替技术复杂度指数，测算了东亚经济体 1995～2008 年的国内技术含量，认为中国出口品的国内技术含量呈分阶段上升趋势。孟祺（2012）研究发现随着出口规模的上升，出口技术含量与国内技术含量都有所提高，但二者差距越来越大。孟祺（2013）研究发现中国出口产品的国内技术含量不断上升，但在不同行业上表现出很大差异，行业要素禀赋与国内技术含量成反比。谢锐、杨玉华（2016）测算了 2005～2010 年中国及世界主要贸易国的出口技术含量和出口国内技术复杂度，认为中国两个指标出现平稳上升的阶段性特征，且演变路径具有高度同步性。

（2）贸易增加值视角下的研究。自 OECD 和 WOT 在 2011 年提出了增加值贸易的概念，增加值贸易核算考虑了全球生产中包含的新商业模式的具体情况，是传统贸易核算的有效补充，主要解决跨境贸易中的重复计算问题。学者们普遍转向基于增加值视角的产品价值构成分析。研究分为两个阶段。

第一阶段，改进的国内技术含量指数分析。丁小义、胡双丹（2013）构建了基于增加值的出口净技术复杂度指数，发现中国的出口复杂度出现了一定程度的下降；近 10 年中国的净技术复杂度指数有所增长，但没有以前学者估计的那样乐观。邓军（2014）运用 OECD 增加值贸易数据，研究发现中国出口额中隐含了国外增加值，且主要来源于日本、韩国、美国、德国等发达国家。出口产品中国内增加值的比例持续上升，国外增加值比例持续下降。齐俊妍、王岚（2015）构建并测算了中国 2002 年和2007 年基于增加值的复合完全技术含量和国内完全技术含量，结果表明劳动和资源密集型产品的国内完全技术含量比例较高且提升明显，而资本和技术密集型部门的指标比例较低且提升缓慢。

第二阶段，继 Koopman（2014）基于增加值贸易构建了产品价值分解模型（KWW 模型）后，由于其能够更加准确地分解出国内价值、国外价值及由于多次跨国贸易形成的重复计算部分，学者们开始采用 KWW 模型分析中国层面问题。刘维林（2015）在考虑中国二元贸易（加工贸易和一般贸易并存）结构特征的基础上，提出了基于产品与功能双重嵌入结构的出口产品价值分解模型，研究结果表明 1997 ～ 2007 年中国出口国内增加值率为 53% ～ 56%。韩中（2016）采用总出口分解模型，从行业层面测算了中国各行业的增加值出口构成，结果显示，中国总出口中国内增加值比例为 77.43%，国外增加值比例为 21.77%，重复计算比例为 24.53%。

（三）国内外研究评述

综上分析，国内外学者对全球价值链和国家价值链理论、全球价值链的动力机制和治理模式、价值链中产业升级影响因素、路径与效果等一系列问题进行了理论和实证方面的研究，为本书的深入研究提供了借鉴和参考。然而，国家价值链中装备制造业产业升级中的热点、难点和重点，还有以下问题亟待深入研究：

1. 缺少双重价值链视角下，装备制造业产业升级问题的研究

现有学者多关注中国制造业在全球价值链中的产业升级问题，认为中国制造业在俘获型价值链中处于低端锁定的现状，要靠提高全球价值链分工地位、参与全球价值链高附加值环节来突破。然而研究大多止步于国家层面，忽略了一国不同区域之间产品的流转和分工形成的国家价值链的作用。少数学者注意到国家价值链是全球价值链的延伸，一国要在全球价值链中获取更大收益，要完善国家价值链，但是仍未就装备制造业如何实现转型升级问题进行系统的研究。本书考虑京津冀地区的重要战略地位，将京津冀地区装备制造业的产业升级问题，在全球价值链和国家价值链并行的视角——双重价值链中进行系统的研究。

2. 未有研究对区域装备制造业在双重价值链中的地位进行可比分析

已有不少学者考察了中国制造业甚至装备制造业在全球价值链中的地位。主要应用 Koopman（2010）提出的全球价值链地位和全球价值链参与度指标，将一国参与国际贸易的中间产品供给与使用比例作为全球价值链地位的判断标准，比例越大则越靠近价值链上游，全球价值链分工地位越高。但是作为一国的某一区域，其产品生产不但使用到来自国外的中间产品，也会使用国内其他区域的中间产品，有的区域生产甚至可能不使用国外中间产品，若不考虑国家价值链，产业地位的估算是不准确的。因此，本书以区域为主体，考察京津冀区域装备制造业在国家价值链和全球价值链中的地位和参与度，准确评价区域装备制造业的地位。

3. 少有学者研究双重价值链中区域装备制造业产业升级的影响因素

装备制造业产业升级受到内外因素等多种因素的影响。在全球价值链中，学者认为科技创新资金和人才投入、生产性服务业、外商直接投资（IFDI）和对外直接投资（OFDI）等都对产业升级有影响。本书在双重价值链视角下，分别分析创新要素投入、生产性服务业装备、IFDI 和 OFDI

对装备制造业产业升级的影响，并分析这些因素对装备制造业产业升级的推动或阻碍。

4. 产业升级路径的研究停留在理论层面，且未考虑产业异质性的影响

微笑曲线是近年来被广泛应用于全球价值链各个环节附加值分析的理论，它有效地结合价值链环节升级和价值链整体升级方向，被很多学者应用于讨论制造业产业升级路径的问题中。但是由于一国或一个区域不同产业在资源、技术、政策等方面的差异，产业发展可能呈现不同的微笑曲线形态。现有学者的研究从标准微笑曲线理论分析产业升级问题，基本停留在理论分析层面，但并不具有普遍适用性。本书针对京津冀装备制造业，识别装备制造业子行业的微笑曲线形态，针对不同微笑曲线发展形态，为产业选择适宜的升级路径。

5. 少有学者关注区域装备制造业产业升级效率

在全球价值链视角中，我国装备制造业被定位在附加值低的加工装配环节，关于装备制造业转型升级的问题，重点研究转型升级过程中的影响因素和存在的问题，很少有学者关注装备制造业转型升级的效率。我国在经历了40年的改革开放后，对外贸易迅速发展，也提出了"中国制造2025"和"京津冀协同发展"等一系列发展战略，装备制造业产业升级的效率如何、哪个环节效率不足仍需改进是值得研究的重要问题。本书根据装备制造业产业升级的路径，从产业内升级和产业间升级两个角度，考察京津冀地区装备制造业的产业升级效率，寻找效率低下的环节和原因。

三、研究内容与研究方法

（一）研究内容

本书的技术路线如图 1-1 所示。本书研究内容主要体现在 5 个方面：

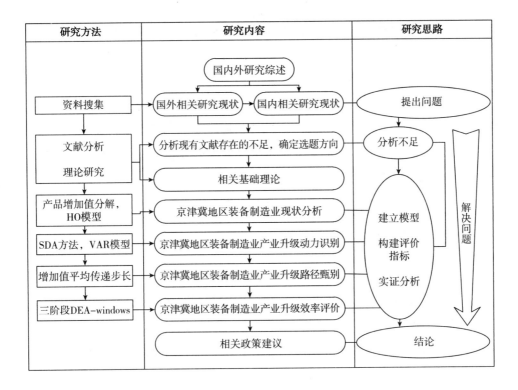

图 1－1 本书的技术路线

第一，从三个方面分析了京津冀地区装备制造业的产业升级现状，首先，从产业结构和产业规模两个层面分析京津冀地区装备制造业的基本发展情况；其次，运用行业产出的增加值分解方法，构建国家价值链和全球价值链地位、参与度指标，评价了京津冀地区装备制造业在双重价值链中的地位和参与度，并与长三角地区和珠三角地区进行了对比；最后，运用HO模型，评价了当前京津冀地区装备制造业各子行业的产业升级情况。

第二，针对学者们讨论的对产业升级具有明显促进作用的三类影响因素：技术创新、生产性服务业和双向 FDI（IFDI 和 OFDI），运用 SDA 分析、产业融合度和 VAR 模型分别评价了三类影响因素对京津冀地区装备制造业产业升级的促进作用。

第三，基于价值链微笑曲线理论，设计了京津冀地区装备制造业产业升级路径的理论框架，运用广义增加值平均传递步长方法，描绘了京津冀地区装备制造业 8 个子行业的微笑曲线形态，并将各子行业的产业升级路径与理论路径进行了匹配与划分。

第四，针对不同装备制造业子行业产业升级路径构建指标体系，运用三阶段 DEA - windows 方法评价了不同产业升级路径的效率，在剔除了环境变量和随机误差的影响后，分析了京津冀地区装备制造业各子行业产业升级效率低下的薄弱环节。

第五，提出促进京津冀地区装备制造业产业升级的政策建议。

（二）研究方法

1. 行业产出的增加值分解方法

KWW（2014）模型和 WWZ（2014）模型在区域间投入产出表中的应用及拓展。KWW（2014）模型和 WWZ（2014）模型将出口产品价值分解为 4 类 9 项，基于 MRIO 将其在国家价值链中进行拓展，应用到增加值视角下双重价值链区域制造业增加值分解，考虑了区域间产品流转，将区域总产出从增加值层面分解为 5 类 20 小项，运用分解项构建价值链地位测度指标。

2. 结构分解分析法（SDA）

运用区域间投入产出表构建了基于投入产出法的装备制造业创新绩效分解模型，应用结构分解分析法（SDA），从供给侧和需求侧两方面，分析了创新能力、生产能力、垂直专业化对创新绩效的影响。

3. 向量自回归（VAR）模型

构建了 IFDI 和 OFDI 对京津冀地区装备制造业产业升级影响的 VAR 模型，分析了 IFDI 和 OFDI 与京津冀地区装备制造业之间的短期关系和长期均衡关系。

4. 广义增加值平均传递步长（APL）方法

运用世界投入产出表（WIOD）和中国区域间投入产出表，用广义增加值平均传递步长方法计算了京津冀地区各子行业从生产到消费的平均传递步长，并将其与价值链微笑曲线理论结合，绘制了京津冀地区装备制造业8个子行业的价值链微笑曲线。

5. 三阶段 DEA – windows 模型

构建了京津冀地区装备制造业各子行业的产业升级路径的效率评价模型，将三阶段 DEA 与 DEA – windows 模型结合，分析了在一段时期内各子行业产业升级路径的效率，在剔除了环境变量和随机误差的影响后，分析了各子行业存在的效率薄弱环节。

第二章
双重价值链下产业升级相关理论概述

一、双重价值链理论

（一）价值链

自 20 世纪 80 年代开始，以 Porter 为首的国外学者开始对公司价值链的相关理论进行系统的研究。Porter（1985）在其著作《竞争优势》中把企业内外价值增加的活动分为基本活动和支持性活动：基本活动涉及企业生产、销售、进料后勤、发货后勤、售后服务；支持性活动涉及人事、财务、计划、研究与开发、采购等，基本活动和支持性活动构成了企业的价值链（见图 2-1）。

Porter 提出的公司价值链概念打破了企业之间的界限，是全球价值链理论的基础。不同的企业参与的价值活动中，并不是每个环节都创造价值，实际上只有某些特定的价值活动才真正创造价值，这些真正创造价值的经营活动就是价值链上的战略环节。企业要保持的竞争优势，实际上就是企业在价值链某些特定的战略环节上的优势。运用价值链的分析方法来

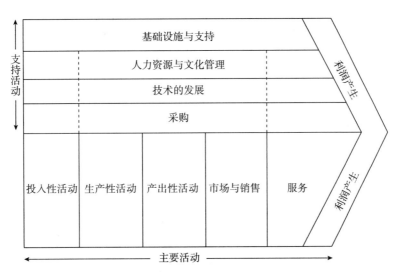

图 2-1　公司价值链

确定核心竞争力，就是要求企业密切关注组织的资源状态，要求企业特别关注和培养在价值链的关键环节上获得重要的核心竞争力，以形成和巩固企业在行业内的竞争优势。企业的优势既可以来源于价值活动所涉及的市场范围的调整，也可来源于企业间协调或合用价值链所带来的最优化效益。

（二）全球价值链

1. 全球价值链的概念

Porter 提出的价值链为全球价值链理论奠定了基础。随后，Kogut（1985）将价值链理论运用到全球经济中，在全球背景下探讨了企业的全球经营战略以及南北经济差距的原因。他指出不同的国家即使在同一个时期也可能处于价值链的不同环节之中，企业通过制定全球化战略能够获取不同市场和不同价值链环节上的价值。他还运用国际分工中的比较优势理论讨论了全球范围内的价值链环节与不同产业资源优化配置的相互关系，认为企业选择不同的全球化战略，实际上是在企业竞争能力和国家比较优势的共同作用下的影响。

在 Gereffi（2001）的研究中，首次运用全球价值链概念替代以往的全球商品链概念。全球价值链概念是由联合国工业发展组织于 2002 年正式提出的，全球价值链被定义为为实现商品或服务的价值而连接生产、销售和回收处理等过程的全球性跨企业网络组织，涉及从原材料的采集和运输、半成品和成品的生产和分销，直到最终消费和回收处理的整个过程。

2. 全球价值链的动力机制

全球价值链的动力模式是全球价值链理论研究的核心之一，被学者们广泛接受和认可的理论观点是驱动力假说，它是由 Gereffi（1994）在研究中提出的，认为全球价值链存在生产者驱动和采购者驱动两种类型。也就是说，全球价值链之所以分解为各个相互独立又关联的环节，并且各环节协调运行的模式，是在生产者或者采购者的驱动下完成的。

生产者驱动型全球价值链是由生产者主导，在生产者的投资驱动下推动市场需求，形成垂直型的生产和供应链的分工体系，生产者可以是意图促进经济发展、构建独立工业体系的地方政府，也可以是在技术、市场和规模上拥有优势，谋求更高利益的跨国公司；采购者驱动型全球价值链是由拥有巨大品牌优势和完善的销售渠道的组织或经济体，通过原始设备制造商（OEM），以及全球采购模式组织起来的全球性商品流通网络，依托巨大的市场需求，以出口导向型战略推动经济发展的发展中国家为主导的全球价值链模式。生产者驱动型全球价值链和采购者驱动型全球价值链的生产模式或价值流通模式如图 2－2 和图 2－3 所示。

根据 Gereffi 对两种全球价值链的定义，生产者驱动型全球价值链主要存在于技术密集型和资本密集型产业中，而采购者驱动型全球价值链主要存在于劳动密集型产业中，张辉（2004）根据 Gereffi 的研究，从动力根源、核心能力、进入障碍等方面对两种驱动类型的全球价值链进行了对比分析，结果如表 2－1 所示。

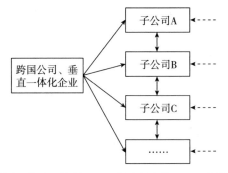

→ 技术、资本、控制 ----▸ 国家间商品 ←→ 子公司间商品流

图 2-2 生产者驱动型全球价值链

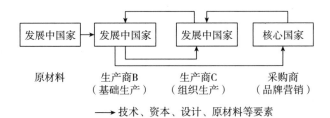

→ 技术、资本、设计、原材料等要素

图 2-3 采购者驱动型全球价值链

表 2-1 生产者驱动和采购者驱动的全球价值链

项目	生产者驱动的全球价值链	采购者驱动的全球价值链
动力根源	产业资本	商业资本
核心能力	研究与发展、生产能力	设计、市场营销
进入障碍	规模经济	范围经济
产业分类	耐用消费品、中间商品、资本商品等	非耐用消费品
典型产业部门	汽车、计算机、航空器等	服装、鞋、玩具等
制造企业的业主	跨国企业，主要位于发达国家	地方企业，主要在发展中国家
主要产业联系	以投资为主线	以贸易为主线
主导产业结构	垂直一体化	水平一体化
辅助支撑体系	重硬环境，轻软环境	重软环境，轻硬环境
典型案例	波音、丰田、海尔、格兰仕等	沃尔玛、国美、耐克、戴尔、锐步等

资料来源：张辉（2004）。

根据表 2-1 可以发现，由于全球价值链类型的区别，导致两种全球价值链的核心能力、动力根源、产业分类、辅助支撑体系、主导产业结构等方面存在巨大的差别。这就意味着在不同产业的发展过程中，要根据该产业所属的全球价值链类型制定产业发展策略，着重提高其核心能力，使其在全球竞争中具备竞争优势，才能占据高附加值环节，获取更多利润。具体来说，若某一产业属于生产者驱动型全球价值链，那么应该着重提高其技术、研发和新产品创新能力，才能够适应全球竞争；若某一产业属于采购者驱动型全球价值链，就应该更加关注产品的营销、售后服务和市场占有率，以此来获取范围经济方面的竞争优势。

3. 全球价值链的治理模式

Gereffi（1999）的研究认为价值链的治理是指价值链中权利的拥有者组织和协调分散在世界各地的价值创造活动。Humphrey 和 Schmitz（2000）根据全球价值链中企业之间的分工地位以及关系，划分了市场型、网络型、准层级制和层级制四种全球价值链治理模式，如表 2-2 所示。

表 2-2　Humphrey 和 Schmitz 定义的全球价值链治理类型

治理类型	特征
市场型	交易标准化商品，购买方不需要担心供应方的生产能力，也不需要为供应方制定具体的产品规格和生产数量
网络型	参与企业多为具备前沿技术开发能力的领军企业，双方合作地位平等，资源互补性强，研发活动的展开和产品规格的确定都依赖彼此间的合作
准层级制	购买方拥有较强的市场力量，对产品的规格和数量严格把控，在供应商的能力无法保证产品供给时，购买方会选择给予适当的资金和技术支持
层级制	购买方通过直接投资或纵向一体化的方式控制相关生产活动，母公司在为附属企业制定生产规格的过程中会涉及部分技术转让

资料来源：Humphrey 和 Schmitz（2000）。

全球价值链治理不单是价值链统治者通过一定手段来组织、协调各环节的价值创造活动，还要控制参与者的价值分配。Gereffi（1995）从交易复杂度、信息可编码程度、供应商能力和企业间权力的不对称程度方面对价值链治理类型进行了分类，如表 2 - 3 所示。

表 2 - 3　Gereffi 定义的全球价值链治理类型

治理类型			交易复杂度	信息可编码程度	供应商能力	企业间权力的不对称程度
网络型	市场型		低	高	高	低 ↑ ↓ 高
	网络	模块型	高	高	高	
		关系型	高	低	高	
	准层级	俘获型	高	高	低	
	层级制		高	低	低	

资料来源：Gereffi（1995）。

在全球价值链体系中，发达国家的公司为了拓展市场范围、提升专业化水平、降低生产成本，跨国公司往往通过外商直接投资与发展中国家本土企业进行合作，或者投资建立子公司，发达国家的跨国公司总部或者母公司通过垂直一体化的层级型治理模式对子公司进行控制。

（三）国家价值链

在全球价值链俘获型的治理模式下，中国产业实现价值链高附加值环节攀升极为困难。于是学者们将目光转移至国内，提出国家价值链概念。国家价值链是基于中国本土需求，由国内企业主导形成的产业价值链网络体系。

国家价值链的发展是在参与全球价值链的基础上，发展中国家通过参与全球价值链，积累生产经验，并通过技术溢出效应获取国外先进生产技术和销售渠道，再将这些经验和技术运用到国内本土市场，提升国家价值链的控制能力，掌握核心环节，逐步将低附加值环节转移给技术水平不足、劳动力丰富的地区，逐步形成完善体系的国家价值链。随后，产业核心地区或企业专注于高附加值的研发和营销环节，提升产品的质量和技术水平，再进入全球价值链体系中，攀升全球价值链高附加值环节。

可以说，国家价值链体系是国内企业在攀升全球价值链过程中遇到困境时提出的一种新理论。在以往学者提出的全球价值链中实现产业升级的四条路径中，学者们普遍认为发展中国家在参与全球价值链时能够实现一定程度的产品升级和工艺升级，但是高端形态的功能升级和链条升级，由于技术封锁和低端锁定效应，往往难以实现。国家价值链理论的提出，为国家在全球价值链中产业升级的困境提供了新的出路，发展中国家参与全球价值链的同时，通过"干中学"效应和模仿学习培育高级生产要素，构建相对独立的本土国家价值链，随后通过技术创新和开拓市场，提升与发达国家和跨国公司的国际竞争力，实现全球价值链中的产业升级。

（四）双重价值链

1. 双重价值链分工

随着产品分工的不断细化，国际分工与区域协作并存，虽然在销售渠道、分工范围和治理结构上存在不同，但从生产网络的组织运营角度来看，国家价值链与全球价值链并没有本质区别（刘志彪和张杰，2009）。中国具有广阔的内陆腹地和多样的市场环境，若将中国看作一个小世界，中国各个区域作为独立"国家"，针对某个具体产业，区域之间的产品流转就是各个"国家"的"进出口"，在不考虑对国外进出口时，中国国内就构成了以区域为节点的完整生产网络，这与中国作为国家整体参与全球生产网络中的模式相同，因此国家价值链是全球价值链的延伸和细分。当某产业产品在全球范围内配置生产任务时，若以区域为参与主体，该区域会同时参与到国家价值链分工和全球价值链分工中。本书将国内某区域既参与国家价值链分工又参与全球价值链分工称为区域参与双重价值链分工。

2. 双重价值链分工参与模式

20 世纪 80 年代我国提出了东部沿海地区率先发展战略，东部沿海地区从低端嵌入全球价值链，凭借优越的地理优势、扎实的制造业基础、低廉的生产要素和优惠的出口政策，迅速积累优势，直接推动了贸易的增长和经济的发展。但是这种"两头在外，大进大出"参与全球价值链的模式，不但使东部沿海地区被动地锁定于全球价值链的低附加值环节，也抑制了中西部地区劳动密集型产业的发展，对其产生了挤出效应，加剧了区域不平衡发展的现状。学者们纷纷提出，要在参与全球价值链的同时，构建相对独立的国家价值链，形成东部沿海地区攀升全球价值链，带动中西部地区形成完善的国家价值链体系，继而推动中西部地区攀升全球价值链的发展格局的形式。

国内一个区域作为双重价值链的参与者，会同时扮演产品的供给方和产品的需求方两种角色，作为产品供给方为双重价值链其他参与者提供中间产品和最终产品，作为产品需求方则从双重价值链的其他参与者处进口中间产品或最终产品。以往学者在实证研究中往往忽略了区域作为供给主体参与双重价值链的模式，另外，重复计算是由于中间产品在区域间（国内外）多次跨境流转加工形成的，导致中间产品的价值反复计算于区域流出价值之中。可见，重复计算是在全球国际分工深化中生产过程碎片化的重要体现（李根强和潘文卿，2016），能够衡量区域间贸易联系紧密度，避免由于行业间供需增加值体量差异造成区域参与双重价值链模式的误判。

3. 双重价值链地位

长期以来，我国装备制造业总产出规模不断扩大，参与国内外生产网络的程度不断加深，但是学者们普遍认为我国仍面临着全球价值链低端锁定的难题（王岚，2014；高云胜等，2015）。参与模式的分析能够辨别我国区域在双重价值链中的增加值供给和增加值需求结构和偏好，但是无法判断其在生产过程中所处的生产环节。产品生产的全过程经历研发、设计、原材料、零部件生产、组装加工、运输、销售和售后服务等若干环节，每一个环节都可能位于国内或全球任何一处，我国装备制造业在双重价值链中到底参与哪个或哪些生产环节，也就是在双重价值链中的地位。一般认为位于微笑曲线两端的研发、设计、营销、服务环节是高附加值环节，而位于中部的原材料提供、零部件生产、组装加工等环节是低附加值环节。

Koopman 等（2010）认为，提供中间产品越多的主体，就越靠近研发环节，否则就越靠近加工装配环节。现有研究中对价值链地位的研究，将国家价值链地位与全球价值链地位割裂进行，本书将双重价值链地位在统一框架中考虑，能够准确定位装备制造业在国家价值链和全球价值链中的地位，并清晰对比出装备制造业双重价值链地位的差异。

二、微笑曲线理论

（一）微笑曲线

台湾宏碁集团为了实现"再造宏碁"，其创始人施振荣于 1992 年提出微笑曲线理论。该理论被广泛应用，成为指导产业升级方向的基本理论。微笑曲线是一条两端高中间低的微笑形曲线，如图 2 - 4 所示，图中水平方向代表生产环节，垂直方向代表各环节的附加值价值，其中中间环节是加工、制造环节，包含的附加值最低；两端分别是设计、研发环节和营销、服务环节，包含的附加值最高。左端设计、研发环节主要体现为技术和产品的创新能力，右端营销、服务环节主要体现为产品的销售渠道、售后服务和品牌影响等，若要在激烈的市场竞争中获取成功，就要把握微笑曲线两端的高附加值生产环节，增强技术创新能力，提升品牌竞争力。

随着国际分工逐渐由产业间分工，转向产业内分工，最后到产品内分工，产品生产的微笑曲线也逐步形成。在产品内分工形势下，生产要素在全世界范围内实现配置，一个国家或地区根据其自身禀赋参与到产品生产过程中，可能仅涉及产品生产的某一环节或某些环节。微笑曲线理论的出现与经济发展形势密切相关，经济全球化的迅速发展给企业发展带来了巨大的压力，一个企业若想在全球化浪潮中得以生存和发展必须具备核心竞争力。基础雄厚且有一定技术水平的产业在参与全球分工时，可以通过承接贴牌制造或加工制造获取一定的利润，但是这种操作并不能长久进行。随着科技的不断进步，信息技术的更新换代，产品生命周期逐步缩短，一个企业在如此环境之下若不能掌握绝对优势，靠微量的利润必然不能促进企业的发展甚至威胁到企业的生存。只有通过向微笑曲线两端的高附加值生产环节转移，加强自主创新能力和品牌建设，培育企业核心竞争力，才能够实现企业的可持续发展。

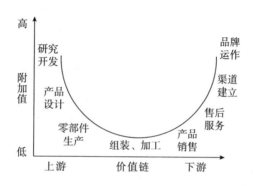

图 2 - 4　微笑曲线

（二）价值链微笑曲线

微笑曲线理论是基于微观企业个体产品层面的理论。在全球价值链分工中，不同国家和地区的产业参与全球价值链分工，形成了产业层面的价值链微笑曲线理论，并且应用到研究产业在全球价值链中如何实现产业升级的问题中来（王敏和冯宗宪，2013；肖国圣和李波平，2013）。图 2 - 5列出了在全球价值链中实现产业升级的路径框架。

横轴方向表示全球价值链分工中的不同环节，同微笑曲线类似，产业在全球价值链分工中呈现"两端高、中间低"的附加值分布。学者们认为，发达国家和跨国公司占据着两端高附加值的生产环节，而中国及其他发展中国家仅能够依靠劳动力优势和资源优势，通过代工模式参与到产品生产的组装、加工等低附加值环节，获取较低的代工利润。

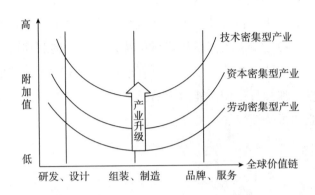

图 2 - 5　价值链微笑曲线

　　纵轴方向表示不同生产环节所包含的附加值。产业不光可以在价值链微笑曲线中向两端高附加值环节移动实现产业升级，还可以通过价值链微笑曲线的整体上移实现产业升级，根据产业的要素禀赋，有技术密集型产业附加值＞资本密集型产业附加值＞劳动密集型产业附加值。这为产业在全球价值链中的升级提供了新思路。

三、价值链中产业升级理论

（一）产业升级的内涵

　　Gereffi（2005）将制造业产业升级定义为，企业由低利润的劳动密集型产业向高利润的资本、技术密集型领域转移的过程。刘志彪（2009）认为产业升级是制造业的产业结构由低技术、低附加值向高技术、高附加值的演变过程。他们的研究观点代表了关于制造业产业升级的两类主要观点：产业升级和产业结构升级。

两种产业升级定义的内涵不同。产业升级的主体是单一产业，其升级过程为初期发展的低附加值、低技术含量状态→中期发展的较高附加值、一定技术水平和加工度的状态→成熟期发展的高附加值、高技术含量状态，主要表现为技术水平和获利能力的稳步提升。产业结构升级则是多个产业的产业结构由低级形态向高级形态转变的过程或趋势。产业结构升级是产业升级由量变到质变的结果，而产业升级是产业结构升级的基础，二者是相互关联、相互影响的关系。

（二）产业升级的动力机制

1. 技术创新对产业升级的影响

装备制造业是我国重要的支柱性产业，随着全球化进程的深入，装备制造业实现了快速的发展，但是同时也面临着企业规模臃肿、生产效率低下、资源消耗严重等问题，为此，学者们开始关注装备制造业如何实现产业升级的问题，而产业升级与技术创新有着不可分割的关系。

图 2-6 展示了装备制造业产业升级与技术创新的静态关系。

产业的发展离不开劳动力、资本和技术等基本生产要素，外在表现为生产要素数量的提高，但是生产要素边际报酬递减的规律使得过量的生产要素投入只能获得较少的产出，这加重了装备制造业"粗放型"的发展。改变这一状况的方式就是提高装备制造业的技术投入，通过技术创新、产品创新，改变现有生产要素的利用效率，改善边际报酬递减规律，努力达到生产效率的前沿水平。而技术创新本质上就是对技术利用能力的一种衡量，装备制造业提升技术创新水平就是对技术利用能力和利用效率的提升，这样不但能够改善企业的生产效率、缩短产品的生命周期，还能够提升企业的生产管理效率和运行机制，提高生产人员的工作积极性，实现装备制造业产业发展的合理化，由追求数量提升的粗放式发展方式向追求质量提升的集约式发展方式转变，实现产业升级。

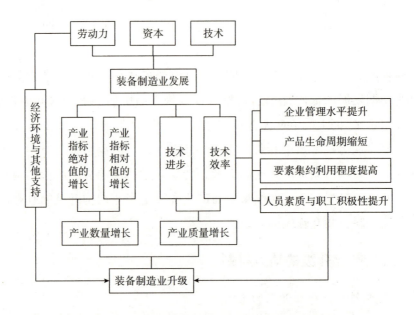

图 2-6　技术创新与装备制造产业升级的静态关系

另外，从技术效率的角度来看，与产业生命周期理论相结合，寻求装备制造业技术创新推动产业升级的规律。装备制造业同其他产业一样，产业周期也在不断追求发展的同时进行周期性更迭，产业发展沿着螺旋式的轨道进行，产业技术创新、规模扩张、产品更新换代等发展都是在一次次产品生命周期更迭的基础上实现的。其中每一个完整的产业生命周期都包含着孕育期、成长期、成熟期和衰退期四个阶段，而每个阶段中技术创新效率也存在着不同的特点，如图 2-7 所示。

孕育期阶段产业的发展还处于初始阶段，受到外界经济条件的限制，经济效益有限，产业发展的前景并不明朗。处于这个阶段的装备制造业要实现自主创新的困难极大，就需要通过技术模仿或技术引进来获取所需的技术，同时要对产业的研发人员和管理人员进行相应的技术培训，这个阶段是后续发展阶段的技术效率储备阶段。

成长期阶段内产业实现一定的发展，规模不断扩大，这是成长最快速的阶段。该阶段企业数量会持续增加，管理水平和技术水平实现了提升，产品的生产工艺和种类、产品的更替也会出现内涵式增长，产业的生产成本在上述变化的基础上会有所降低，产业的规模、效益和生产效率也会快速提升。这会吸引大量企业进入装备制造业领域，逐步形成产业规模的扩大，获得一定的规模效益。

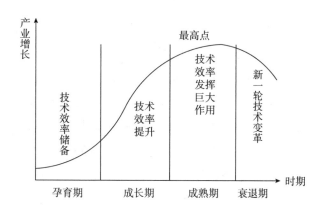

图 2 – 7　技术创新与装备制造业升级的静态关系

成熟期阶段产业发展速度会变慢，生产技术和管理水平、生产要素利用效率、产业结构都会达到最优。此时产业对于技术效率的追求会降低，仅仅追求生产利益，会引发环境污染、资源浪费等社会问题。此阶段，产业规模已经扩大到一定程度，因此技术效率是产业发展的主要动力。但是此阶段，产业的技术水平已经接近技术前沿，提升的空间较小，产业若不对现有技术进行技术改进，实现新一轮产业生命周期，就有可能步入产业衰退期。

衰退期阶段内产业呈现负增长，由于激烈的竞争和同类产品的替代效应，产业盈利性下降，生产效率降低，产业规模不断缩小。在该阶段，产业为了维持生存，必须要再次进行技术引进、技术模仿创新，对现有技术进行更新换代，从而使产业进入下一轮产业生命周期，推动产业形成螺旋上升的发展轨迹。

通过对产业生命周期四个阶段的分析，可以发现技术创新在装备制造业发展的不同阶段会产生不同的影响，但是在不同阶段技术创新均表现出充分利用现有资源的生产能力逐步优化，从企业管理水平、生产效率等方面，使其针对所处的阶段具有最适宜的发展状态，从而释放现有技术水平的生产潜能，最大限度地提高产出。

2. 生产性服务业对产业升级的影响

（1）生产性服务业促进产业规模报酬递增。随着服务经济的兴起，产业分工深化和生产碎片化过程中的产业升级，本质上是通过产业分工带来的产业结构效益的规模报酬递增效应。人力和技术资本以生产性服务的形式投入到产业中，本身就具有非竞争性和排他性。这些高级生产要素会产生技术和知识溢出效应，促进生产要素的效率不断提升和成本不断降低；通过规范经济效应，这些高级生产要素在不同产品和服务的生产过程中实现共享，不但不会增加额外的生产成本，反而还会降低产业平均的生产、服务成本，从而达到规模报酬递增效应。服务业分工的专业化、技术溢出效应作为报酬递增的两个来源，本质是同一过程的不同方面。在服务经济中，人力资本素质的不断提升和技术水平的不断进步促成了分工的形成，同时技术和知识会不断地积累，技术型生产性服务会产生技术和知识溢出的正向外部性效应，其实现并促进了报酬递增效应。因此，技术和知识要素的增加与其他生产要素配合形成交叉边际效益递增，促进生产上的报酬递增效应。知识和技术要素的不断投入促进产业整体受益效应递增效果不断增强。而作为知识和技术要素载体的生产性服务业在与其他产业互动的过程中，也就促进了其他产业收益递增的效应，使其生产效率不断提升，边际收益不断提高，促进产业实现升级。

在产品生产到最终消费的产品价值链中，中间涉及的生产部门、中间服务、技术和人力资本的投入越多、越复杂，生产性服务业促进产业发展的报酬递增效应就越明显。这主要是由于随着生产性服务业的产业发展不断深化和细化，生产性服务业对其他产业生产过程中的专业化服务水平就越强，越能促进产业之间的协同效应，提高技术和人力资本的利用效率和服务效率，带来正向的规模效益。因此，全球价值链深化形成的产业内分工、产品内分工和服务经济兴起带来的生产性服务业共同促进了技术进步、产业协同和产业的整体升级。而产业升级又扩大了产业分工的范围、程度和生产性服务业的范围和规模，进一步促进了生产性服务业分工的细化，形成了产业升级、生产性服务业分工之间的相互促进、相互协调的循环促进关系。生产性服务业的发展和分工的细化所产生的报酬递增效应作为产业升级的动力之一，能够实现产业在技术、人力和其他生产要素之间的互补，使现有生产要素的利用效率提升，提高生产可能边界，生产规模的扩张不仅只是在水平层面的扩张，而是综合了水平方向的规模扩张和垂直方向的效率提升。正是由于生产性服务业与产业协同形成的报酬递增效应，推进了产业价值链和生产效率的整体升级。

（2）生产性服务业促进产业融合效应的发挥。在服务经济不断发展的背景下，生产性服务业作为服务经济的主要产业，与其他产业（尤其是制造业）融合，在传统产业生产过程中融入高端生产要素，整合和优化了传统的生产流程，提升了产业的生产效率、创新效率和经营效率，推动产业实现升级。生产性服务业与其他产业的融合，实际上是将原有产业链进行分解，与更具竞争力和技术优势的新型产业链融合再重组的过程。在这一过程中，生产性服务业与原有产业链的各个环节进行融合，在核心价值创造和价值增值环节形成与生产服务相融的全新价值模块，产业链整体重构，形成了制造—服务的新型价值链体系，强化了原有生产环节的效益，提升了产业链竞争力，创造了新的服务增值。

生产性服务业与其他产业融合促进产业升级的形式分为两类：产业内融合升级和产业间融合升级。在产业内融合升级的形式中，生产性服务业全方位地渗透进产业内的所有生产环节，使产业链"服务化"。价值链两端的高附加值环节以及融资、会计、法律、咨询等支撑环节，与科技服务业、流通服务业、金融业、商务服务业、信息服务业等融合，形成效率更高和更具服务功能的价值链环节，从而提升产业价值链的整体效率和竞争力，促进产业升级；在产业间融合升级的形式中，生产性服务业与其他产业融合，重构价值链体系。在价值链体系中融合了生产性服务业的专业知识和技术后，原有价值链核心环节的效率提升，原有产业也会发展成为具有较高生产能力、技术水平，能够提供整套产品服务的新型融合性产业。这种融合模式能够产生"1+1>2"的融合效应，促进产业间升级。

生产性服务业与制造业的互动效应可以用图2-8表示。

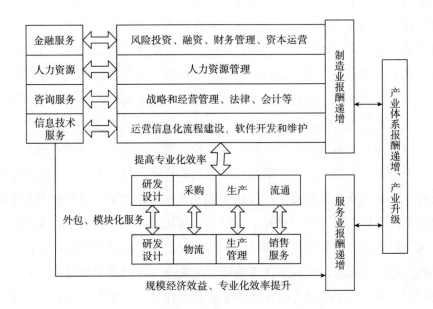

图2-8 生产性服务业与制造业的互动效应

3. IFDI 和 OFDI 对产业升级的影响

(1) IFDI 对产业升级的影响机制。外商直接投资（IFDI）对于产业升级有长期和短期两方面的影响。

1) IFDI 对产业升级的长期影响机制。对于发展中国家来说，市场寻求型 IFDI 能够通过母国跨国公司已有的品牌效应、市场渠道和生产技术等优势打入东道国的产品市场，对东道国本土产业形成挤出效应、技术溢出效应，使东道国本土产业被迫通过提升生产技术、开发新产品、降低生产成本等方式实现产业升级，从长期上提高产业的核心竞争力，以致和跨国公司争夺国内市场。同时，效率寻求型 IFDI 和资本寻求型 IFDI 在"倒逼"

东道国本土产业实现产业升级和发展的同时，由于追求生产效率而忽视环境效率，专注于低端制造业和资源供给，也会使东道国面临环境污染、"资源诅咒"、低劳动生产率等问题。从而使东道国本土产业成为跨国公司价值链低端产业转移和资源投入的目标，不断消耗东道国的自然资源，本土产业也会陷入"低端锁定"的困境。

2）IFDI 对产业升级的短期影响机制。市场寻求型 IFDI 会通过跨国公司向东道国输入新型产品引导消费者需求，从而间接引起东道国产业的升级；效率寻求型 IFDI，东道国会通过全球价值链分工参与促进制造业的发展；资本寻求型 IFDI，跨国公司会将东道国变为原材料的输送基地，为了节约运输成本，会在东道国直接建厂进行生产，这会促进东道国资本密集型产业的发展，也会带动原材料提供地加工制造业的发展，促进东道国制造业实现产业升级。

（2）OFDI 对产业升级的影响机制。对外直接投资（OFDI）对于产业升级有长期和短期两方面的影响。

1）OFDI 对产业升级的长期影响机制。市场寻求型 OFDI 能够开拓母国在海外的市场，加速母国产业的全球化进程，基于国外需求也会促进母国产业的产品开发和产品升级。另外，市场规模的扩张会带动产业规模的扩大，促进规模经济的形成，降低产业生产成本，推动母国产业实现整体升级（见图 2 -9）。

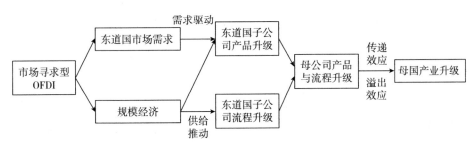

图 2 -9　市场寻求型 OFDI 促进母国产业升级的机制

战略寻求型 OFDI 主要是通过投资国的产业集聚效应，母国与投资国当地企业建立前后向产业联系，产生产业协同效应，获取 OFDI 的逆向技术溢出。资源寻求型 OFDI 主要是利用投资国的生产资料和资源，为母国产业生产提供保障。

2）OFDI 对产业升级的短期影响机制。对于发展中国家来说，战略资产寻求型 OFDI 的投资期一般较长、投资规模较大，对母国产业升级的促进效应在短期内实现。由于母国的技术水平和产业发展尚未形成规模，资源寻求型 OFDI 会使母国的资本密集型产业出现中空局面，造成母国行业和地区性的空白、生产资源和技术流失，降低母国产业的发展水平和竞争力。而市场寻求型 OFDI 对投资国的市场需求能够形成及时的反馈，推进母国产业针对需求做出产品设计和销售上的调整，在短期内促进母国产业的升级。

（三）产业升级的路径

1. 全球价值链中产业升级路径

在全球价值链中，制造业的产业升级主要是产业如何通过参与全球价值链分工，获取先进的生产技术、扩大市场份额和品牌影响力，实现向全球价值链高附加值环节的攀升。Humphrey 和 Sehmitz（2002）定义了四种全球价值链产业升级模式，如表 2－4 所示。

工艺流程升级主要是通过对原有生产流程和生产工序的调整和整合，引进先进的生产工艺或生产技术，提高产品对原材料的利用率，降低生产成本来实现产业升级。产品升级主要是通过对原有产品的生产技术、产品功能等方面进行升级，或者通过技术创新研发具备更高附加值的新产品实现产业升级。功能升级主要是通过对原有价值链中各个环节的重新组合，使产业由低附加值环节向高附加值环节攀升，掌握设计、研发、营销服务等高附加值核心环节，提高产业的获利能力。链条升级是指产业从原有价值链向更高附加值的产业链升级的方式。从产业升级的流程来看，一般产业升级都遵循工艺流程升级→产品升级→功能升级→链条升级的演进规律。但是随着现代科学技术突飞猛进的发展，部分产业在价值链某些核心环节实现自主突破性创新，就能够实现产业的跨越式升级。

表 2 - 4　全球价值链中产业升级的四种模式

升级模式	升级过程	升级目的
工艺流程升级	生产过程更加科学，生产效率更高	通过降低生产成本、增进生产流程传输体系、引进新的组织方式等途径获取更多价值
产品升级	比竞争对手更快的产品研发和创新	通过新产品市场份额扩充和市场份额增大获取更多价值
功能升级	改变价值链中的低端徘徊格局	通过把低端价值活动外包，实现由价值链低端向中高端转移，从而获取更大的价值
链条升级	移向新的、价值更高的价值链	通过从传统低层次产业向高新技术产业转移获取更大更丰厚的价值

资料来源：Humphrey 和 Sehmitz（2002）。

2. 国家价值链中产业升级路径

国家价值链中产业升级的路径并没有统一的理论，学者们对于该问题有着不同的观点。岳中刚（2011）对苏宁电器案例的研究中，提出了专业化市场等双边交易平台载体模式与领导型企业网络模式是转变经济发展方式、扩大内需实现国家价值链重构与升级的主要机制和方式。钱方明（2013）以长三角区域传统制造业为对象，在国家价值链与全球价值链竞合分析的基础上提出了领导型企业驱动、集群企业共同驱动、专业市场驱动的产业升级路径。刘冰、周绍东（2014）提出国内产业升级应该在国家层面构建自主的价值空间，产业沿着产品价值节点—产品价值片段—行业价值链条—产业价值网络—国家价值空间的路径实现产业升级。

第三章

双重价值链下京津冀装备制造业
产业升级的现状分析

　　装备制造业是为满足国民经济各部门发展和国家安全需要而制造各种技术装备的产业总称。装备制造业发展水平是一个国家和区域综合实力的重要体现。根据国民经济行业分类（GB/T 4754—2017），我国装备制造业包括 C33 金属制品业、C34 通用设备制造业、C35 专用设备制造业、C36 汽车制造业、C37 铁路船舶航空航天和其他运输设备制造业、C38 电气机械和器材制造业、C39 计算机通信和其他电子设备制造业、C40 仪器仪表制造业，共 8 个子行业。近年来，中国高度重视高端装备制造业的发展。2010 年 10 月，国务院发布"关于加快培育和发展战略性新兴产业的决定"，高端装备制造业被列为七大战略性新兴产业之一；2015 年 5 月国务院印发"中国制造 2025"，列出了高端装备制造业 10 个重点发展领域；中国"十三五"规划也将高端装备制造业定位于八大重点行业之一。装备制造业已经成为全球制造业价值重构、竞争格局改变和创新驱动的主战场。我国装备制造业如何实现突破、企业"走出去"如何规避贸易风险和贸易摩擦、如何借势"中国制造 2025"加速发展，成为学者们共同关注的话题。通过装备制造业的产业升级推动区域经济发展为京津冀协同发展带来机遇与挑战。京津冀地区是我国科技资源最丰富、经济最具活力、开放程度最高的地区之一，也是我国战略性新型产业发展的重要载体与区域支撑。但是，京津冀地区装备制造业的发展状况如何？在国家价值链和全球价值链中处于何种地位？产业升级情况如何？现有研究中尚无详细分析。

为此，本章首先讨论京津冀地区装备制造业的发展状况，其次讨论京津冀地区装备制造业的地位，最后对京津冀地区装备制造业产业升级情况进行分析。

一、京津冀地区装备制造业发展现状

京津冀、长三角、珠三角共同构成了中国的三大经济圈，它们的发展在很大程度上代表了中国经济发展的最高水平。从产业优势上，长三角是我国城市化进程最高、城镇分布最密集、经济发展水平最高的地区，是在第二产业尤其是工业强力引领下实现快速增长的地区；珠三角水路交通发达、海外联系便捷，是内地沿海南部通向世界的重要门户地区，主要依靠加工贸易引领，依靠劳动密集型产业发展；京津冀地区是环渤海经济圈的核心，是以重化工——资本密集型产业为主，定位于重化工业、装备制造业和高新技术产业的基地。由于京津冀区域规划发展的起步较晚，区域经济发展相对于长三角和珠三角明显落后，因此长三角和珠三角在产业发展水平上可以作为京津冀的标杆。本节将从装备制造业的产业规模和产业结构两方面，将京津冀地区与长三角地区和珠三角地区进行对比，分析京津冀地区与长三角地区和珠三角地区装备制造业产业发展水平的差异。

（一）产业规模现状

我国装备制造业的总体生产规模已经位于世界第一，工业增加值仅次于美国、日本和德国，位居世界第四。表 3 - 1 列出了三大经济圈装备制造业产业规模的主要经济指标。从中可以看出，2016 年三大经济圈各项经济总量指标和均超过全国总量的 50%，其中占比最低的 R&D 经费投入也达到了全国水平的 51.8%，这充分说明了三大经济圈的装备制造业在我国装备制造业总体发展中的地位，也说明了三大经济圈对经济发展的重要作用。

表 3-1 三大经济圈装备制造业产业规模的主要经济指标

指标	装备制造业规模总量			各区域占全国总量比例（%）			
	京津冀	长三角	珠三角	京津冀	长三角	珠三角	三大经济圈
工业总产值（亿元）	32097	116217	67294	7.86	16.49	28.47	52.83
出口交货值（亿元）	3075	28714	24424	4.01	31.84	37.43	73.28
利润总额（亿元）	2346	8506	4144	8.71	15.39	31.59	55.7
外商投资（亿元）	1426	6486	1981	11.00	15.28	50.02	76.29
R&D 经费（亿元）	913	3083	1676	8.35	28.17	15.32	51.83
平均用工人数（万人）	220	993	760	6.39	22.10	28.88	57.38

资料来源：《中国工业经济统计年鉴》（2017）。

京津冀地区作为三大经济增长极之一，装备制造业的产业规模与长三角地区和珠三角地区仍存在巨大差距。从 2016 年的情况来看，京津冀地区各项总量指标平均仅占长三角地区的 23.3% 和珠三角地区的 45.4%，其中外商投资规模最高，分别达到长三角地区和珠三角地区的 21.98% 和 71.98%，在全国装备制造业外商投资总量中占比 11%；出口交货值规模最低，分别占据长三角地区和珠三角地区的 10.74% 和 12.59%，在全国装备制造业中占比仅为 4.01%。

下面进一步讨论京津冀地区装备制造业的各项规模指标在一段时间内的变化情况，并与长三角地区和珠三角地区进行对比，以寻找京津冀地区装备制造业发展中存在的问题和弱项指标。本节使用的数据主要来自 2007～2017 年的《中国工业经济统计年鉴》、《中国科技统计年鉴》和《中国统计年鉴》，由于 2008 年之前的年鉴并没有关于 R&D 投入按地区分类的统计，因此对于 R&D 经费投入，笔者选取 2008～2016 年的数据，其他指标选取 2006～2016 年的数据。

1. 产值规模

2006~2016 年，京津冀地区装备制造业的工业总产值总量稳步上升（见图 3-1），工业总产值由 2006 年的 10488 亿元增长至 2016 年的 32097 亿元，增长了 3.06 倍，增加幅度高于珠三角地区的 2.87 倍，说明京津冀地区装备制造业生产能力有所提高。但在总量上，京津冀地区装备制造业产值仍然远远落后于长三角地区和珠三角地区，在全国装备制造业工业产值的占比中，有下降趋势，近年来维持在 8% 左右的水平。

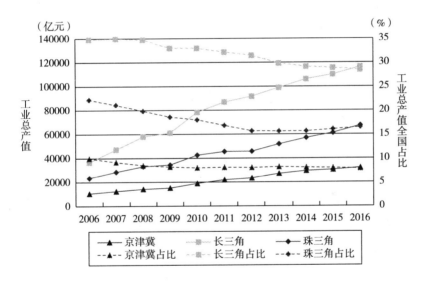

图 3-1　2006~2016 年三大经济圈装备制造业工业总产值及其占比

2. 国际贸易规模

2006~2016 年，京津冀地区装备制造业出口交货值呈现小幅波动下降趋势（见图 3-2），2016 年出口交货值总量甚至比 2006 年下降了 0.4%，且占据全国装备制造业出口交货值的比例由 8.5% 逐步下降到 4.0%。同期长三角地区和珠三角地区的指标在全国占比虽然均有所下降，但指标总量都有较明显的增长，尤其是长三角，在 2006 年的出口交货值就达到了京津冀地区的近 5 倍，经过 10 年的发展，2016 年指标总量达到了京津冀地区的 9.3 倍, 珠三角地区也达到了京津冀地区的 7.9 倍。

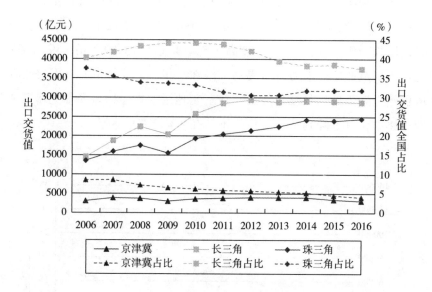

图 3-2　2006~2016 年三大经济圈装备制造业出口交货值及其占比

2013 年中共中央提出中国正在面临"经济增长换挡期"、"结构调整阵痛期"和"前期刺激政策的消化期"三期叠加问题。我国在 1978 年实行对外开放政策以后, 出口一直作为拉动我国经济发展的"三驾马车"之一。而经济增速下滑的主要原因就是"三驾马车"的拉动力量已经不足, 需要"扩需求、保增长"。扩大内需就成为经济增长的新动力和源泉。京津冀地区经过 40 年的发展, 装备制造业出口值不增反降, 与长三角地区和珠三角地区的差距持续扩大, 同期装备制造业总产值实现了一定的增长, 这可能是京津冀地区的装备制造业由外转内的预示。

3. 外商投资规模

自改革开放以来, 我国一直重视利用外资来促进经济发展, 外商投资已成为中国日益重要的资本来源和地方经济发展的关键。京津冀地区装备制造业的外商投资规模持续增长 (见图 3-3), 研究期内外商投资总额由 2006 年的 848.5 亿元提升至 2016 年的 1425.9 亿元, 增长了 1.68 倍, 京津冀地区装备制造业外商资本占据全国装备制造业外商资本的比例呈现波动变化趋势，2006～2009 年该比例由 14.4% 逐年下降至 12.1%，随后该比例回升至 2011 年的 12.8%，接下来又呈现波动下降趋势。京津冀地区装备制造业外商资本总额与珠三角地区装备制造业外商资本总额的差距也在逐步扩大，2006 年京津冀地区外商资本分别占长三角地区和珠三角地区的 30.6% 和 84.7%，经过 10 年的发展，2016 年比例不增反降，分别降低到占长三角地区和珠三角地区的 22.0% 和 72.0%。

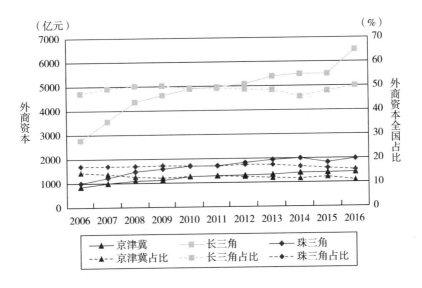

图 3 - 3　2006～2016 年三大经济圈装备制造业外商资本及其占比

4. 利润规模

利润总额是京津冀地区总量指标中增长最快的指标（见图 3 - 4），研究期内由 567 亿元陡增至 2346 亿元，增加了 4.1 倍，与长三角地区和珠三角地区的增长幅度几乎相同。说明了京津冀地区装备制造业的盈利能力正在逐步提升。京津冀地区装备制造业利润总额在全国利润总额中的比重呈现波动下降态势，长三角地区和珠三角地区亦是如此。这种情况说明了中国区域间发展不均衡状况得到了一定的改善，三大增长极以外的地区，尤其是中国中西部欠发达地区的装备制造业的盈利能力有提升的趋势。虽然京津冀地区装备制造业利润总额的增长幅度较大，但是京津冀地区与长三角地区和珠三角地区的差距仍在日益扩大，京津冀地区占据其他两个地区的比例在研究期间内都有所下降。

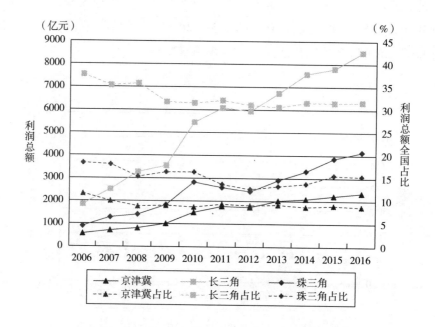

图 3 - 4　2006~2016 年三大经济圈装备制造业利润总额及其占比

5. 创新投入规模

"中国制造 2025"、创新驱动发展战略等对装备制造业创新升级提出了新的要求，要实现"中国制造"到"中国智造"的转变，2015 年国务院常务会议上李克强强调：装备制造业要成为科技创新的主战场。创新投入水平是创新能力提升的基础。从 R&D 经费投入情况来看，京津冀地区创新水平正在逐步提高（见图 3 - 5），研究期内 R&D 经费投入增长了 3.91 倍，与长三角地区（3.93 倍）和珠三角地区（4.08 倍）的增长率基本持平。在长三角地区和珠三角地区 R&D 经费投入占全国 R&D 经费投入比例有所缩减的情况下，京津冀地区 R&D 经费投入占全国 R&D 经费投入的比例平稳，这说明了京津冀地区装备制造业创新投入的水平是较高的，为下一步提升自主创新能力打好了基础。

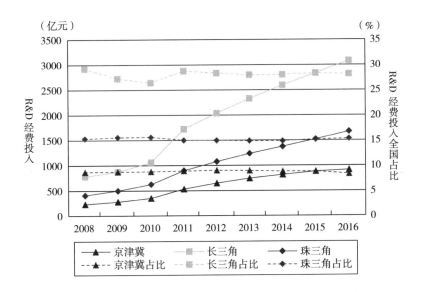

图 3 - 5　2008～2016 年三大经济圈装备制造业 R&D 经费投入及其占比

6. 就业创造规模

京津冀地区对就业有较强的带动作用（见图 3 - 6），京津冀地区装备制造业平均用工人数在研究期内增加了 1.42 倍，增加幅度高于长三角地区的 1.38 倍和珠三角地区的 1.36 倍，说明京津冀地区比其他两大增长极对于区域就业的贡献程度更大。京津冀地区装备制造业平均用工人数占全国装备制造业平均用工人数的比例一直较稳定，维持在全国水平的 6.3%～6.9%，而长三角地区和珠三角地区平均用工人数占全国水平的比例都有明显的降低，两地区的用工人数比例均下降 3% 左右的水平，且两地区的用工人数总量有下降趋势，这说明了京津冀地区装备制造业对缓解中国近年来的就业压力产生了积极影响。

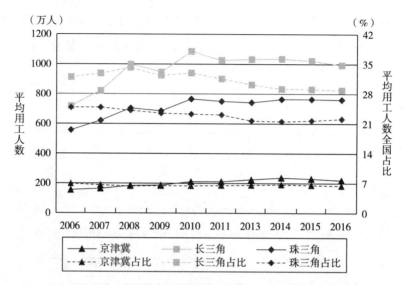

图 3-6　2006~2016 年三大经济圈装备制造业平均用工人数及其占比

（二）产业结构现状

根据最新发布的国民经济行业分类（GB/T 4754—2017），装备制造业包含 8 个子行业（行业代码为 C33~C40）。但此分类是在 2012 年以后统一实行的，在 2012 年之前，C36 汽车制造业和 C37 铁路船舶航空航天和其他运输设备制造业合并统计为交通运输设备制造业。为了分析较长期间内装备制造业子行业的各项发展指标变化情况，本节对装备制造业 7 个子行业针对各项指标进行产业结构层面的分析。

1. 产值结构

从产值结构来看，京津冀地区的交通运输设备制造业（C36~C37）生产能力最强（见图 3-7），自 2009 年以来其总产值就一直在京津冀地区独占鳌头，其中 2016 年的总产值相比占据第二位的计算机通信和其他电子设备制造业（C39）的总产值高出 2.7 倍。长三角和珠三角的优势产业计算机通信和其他电子设备制造业（C39）在京津冀地区近年反而有下降趋势，说明京津冀地区在该子行业上与其他两大增长极仍存在较大的差距。除 C36 ~ C37 和 C39 两个子行业外，其他子行业在京津冀地区呈现较好的增长趋势，且研究期间的增长幅度均高于长三角地区和珠三角地区，其中金属制品业（C33）增长最快，研究期间内总产值增加了 6.1 倍，远高

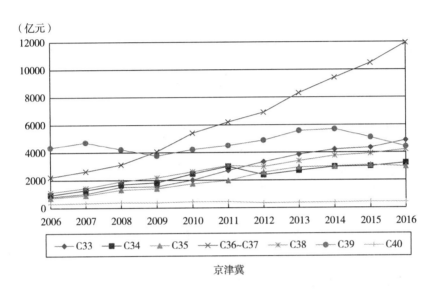

京津冀

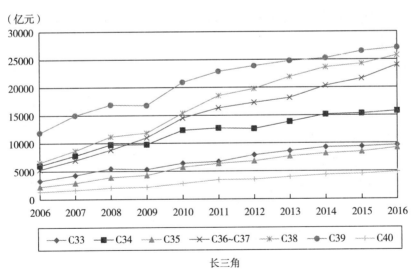

长三角

图 3 - 7　2006 ~ 2016 年三大经济圈装备制造业子行业产值

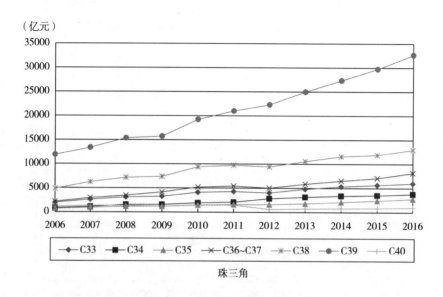

（亿元）

2006 2007 2008 2009 2010 2011 2012 2013 2014 2015 2016

◆ C33　■ C34　▲ C35　✕ C36~C37　✳ C38　● C39　+ C40

珠三角

图3-7　2006~2016年三大经济圈装备制造业子行业产值（续）

于长三角地区的 2.9 倍和珠三角地区的 3.1 倍，总量在京津冀地区排名第二，而该子行业属于装备制造业中技术密集型最低的子行业，间接说明了劳动密集型产业在京津冀地区仍占据一定主导地位。

2. 国际贸易结构

在出口交货值方面，计算机通信和其他电子设备制造业（C39）非常突出（见图 3-8），出口交货值遥遥领先于其他子行业。京津冀地区虽然该行业生产能力有限，但研究期间内该子行业的出口交货值平均达到了所有子行业的 63.2%，长三角地区和珠三角地区也分别达到了 55.9% 和 66.1%，这种情况侧面证实了学者们关于我国装备制造业在全球价值链中主要从事低附加值、低利润的加工出口环节的理论构想，说明技术和资本密集型产业在我国仍然处于低端锁定的地位。

3. 外商投资结构

京津冀地区各装备制造业子行业的外商投资结构分布较均匀，其中交通设备制造业（C36~C37）的外商投资金额增长较快，几乎呈直线上升

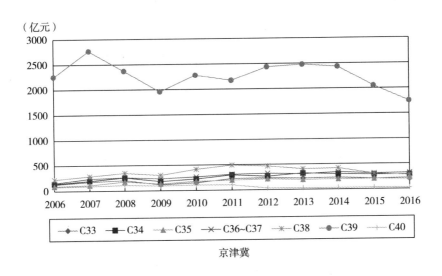

京津冀

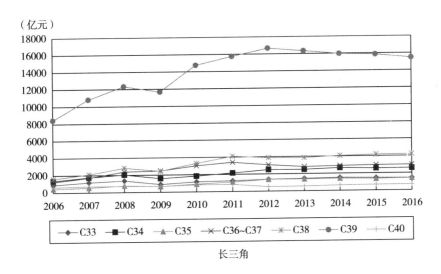

长三角

图 3 - 8 2006 ~ 2016 年三大经济圈装备制造业子行业出口交货值

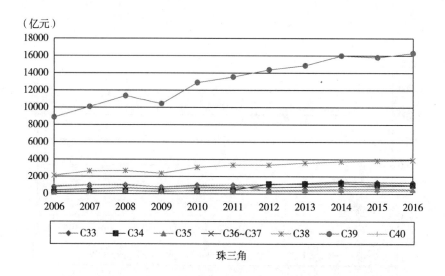

珠三角

图3-8　2006～2016年三大经济圈装备制造业子行业出口交货值（续）

趋势（见图3-9），其他子行业的外商投资呈现波动增长趋势，但增幅都较小。与长三角地区和珠三角地区相比，京津冀地区吸引外资的水平还相差很多，尤其是高技术密集型行业，长三角地区和珠三角地区大部分外商

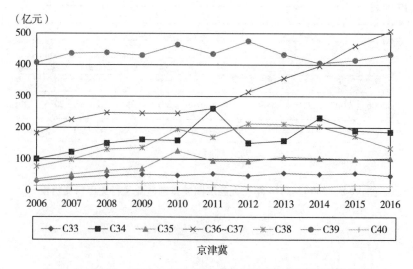

京津冀

图3-9　2006～2016年三大经济圈装备制造业子行业外商资本

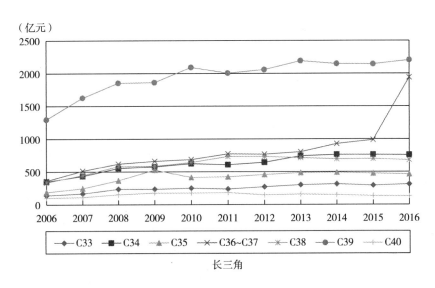

长三角

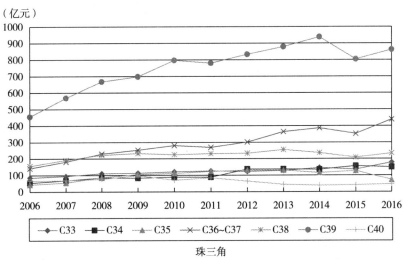

珠三角

图 3 - 9 2006 ~ 2016 年三大经济圈装备制造业子行业外商资本（续）

资金都投入到了高技术密集型的计算机通信和其他电子设备制造业（C39）中，京津冀地区该子行业虽然吸引外资较多，但是与其他子行业相差不多。另外，三个地区仪器仪表制造业（C40）外资投入水平都最低，在珠三角地区甚至出现了下降趋势。可见我国技术密集型装备制造业在吸引外资的能力上，仍有所欠缺。

4. 利润结构

在装备制造业各子行业的盈利水平上，交通运输设备制造业（C36～C37）对京津冀地区产生了积极和巨大的贡献（见图3－10），研究期内利润总额增加了9.7倍，另一个表现突出的子行业是金属制品业（C33），其利润总额在研究期内增加了8.1倍，但由于该子行业的利润总额总量较低，在图中并不突出。其他子行业利润总额水平几乎相等，其中通用专用设备制造业（C34～C35）在2011～2013年还出现了较大幅度的下降。与之相比，长三角地区和珠三角地区在子行业的盈利能力上分布较为均衡，说明京津冀地区各子行业的盈利能力并不协调。另外，与图3－7～图3－9相比，京津冀地区计算机通信和其他电子设备制造业（C39）的总产值、出口额和外商资本总额都在所有子行业中名列前茅，但是该子行业的盈利能力水平表现欠佳，在研究期内仅增加了1.4倍，而长三角地区和珠三角地区该子行业的利润总额分别增加了3.8倍和4.1倍。

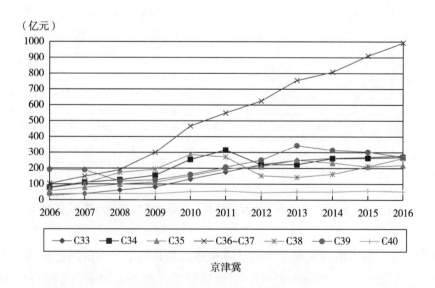

图3－10　2006～2016年三大经济圈装备制造业子行业利润总额

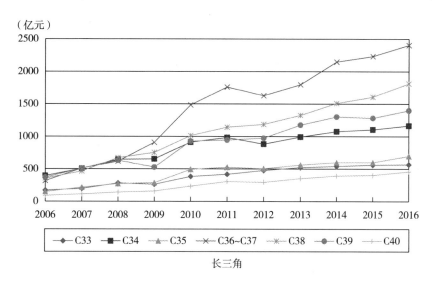

长三角

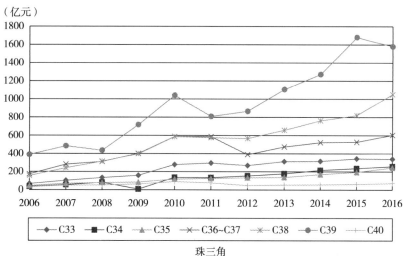

珠三角

图 3 - 10 2006 ~ 2016 年三大经济圈装备制造业子行业利润总额（续）

5. 创新投入结构

由于未有年鉴披露同时包含地区和行业维度的 R&D 投入数据，因此 R&D 投入是运用地区分类数据和行业分类数据折算得到，这种情况下三大经济圈各子行业数据变化趋势一致。因此此处仅汇报京津冀地区子行业情况。从图 3－11 中可以看出，京津冀地区所有装备制造业子行业的 R&D 投入都有明显的提升，计算机通信和其他电子设备制造业（C39）R&D 投入水平最高，其次为生产能力和外商资本水平最高的交通运输设备制造业（C36～C37）。从增长的幅度看，研究期内各子行业的 R&D 投入总量和 R&D 投入增长速度排名相反，总量较低的金属制品业（C33）投入增长幅度最大，增加了 7.28 倍，其次是仪器仪表制造业（C40）增加了 4.76 倍，这种情况说明了京津冀地区致力于提升装备制造业各子行业的创新投入水平，为创新驱动转型升级做足准备。

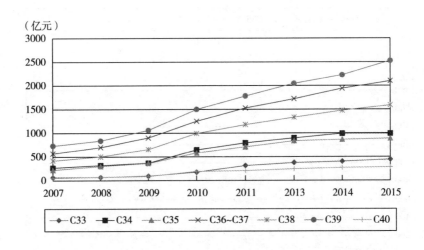

图 3－11   2007～2015 年京津冀装备制造业子行业 R&D 投入

6. 就业创造结构

从京津冀地区装备制造业各子行业的就业情况来看，子行业之间表现出明显的层级特征。京津冀地区仍然是交通运输设备制造业（C36～C37）表现突出，研究期内增加了 2.06 倍，且增长比率高于长三角地区的 1.63 倍和珠三角地区的 1.90 倍。计算机通信和其他电子设备制造业（C39）、通用设备制造业（C34）在 2013 年以后有明显的下降趋势，其中计算机通信和其他电子设备制造业（C39）在研究期内总量还有较小幅度的增加，而通用设备制造业（C34）在研究期内平均用工人数几乎未变（见图3－12）。仪器仪表制造业（C40）平均就业人数非常低，除上述三个子行业外，其他子行业在研究期内均保持增长态势，且增长率均大于长三角地区和珠三角地区。

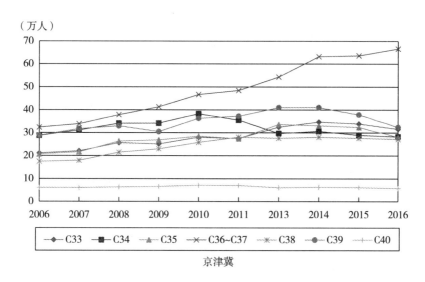

京津冀

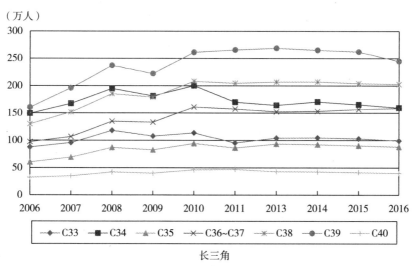

长三角

图 3－12　2006～2016 年三大经济圈装备制造业子行业平均用工人数

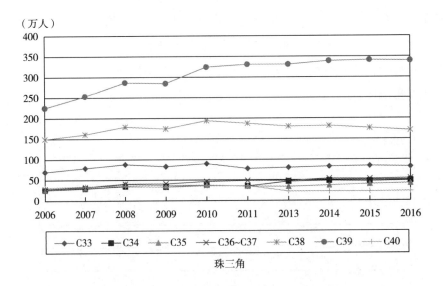

（万人）

珠三角

| | C33 | | C34 | | C35 | | C36~C37 | | C38 | | C39 | | C40 |

图 3 – 12　2006 ~ 2016 年三大经济圈装备制造业子行业平均用工人数（续）

二、京津冀地区装备制造业双重价值链
分工地位现状

　　长期以来，我国装备制造业总产出规模不断扩大，参与国内外生产网络的程度不断加深，但学者们普遍认为我国仍面临着全球价值链低端锁定的难题（王岚，2014；高云胜等，2015）。产品生产的全过程经历研发、设计、原材料、零部件生产、组装加工、运输、销售和售后服务等若干环节，每一个环节都可能位于国内或全球任何一处，京津冀地区装备制造业在双重价值链中到底参与哪个或哪些生产环节，也就是在双重价值链中的地位。一般认为位于微笑曲线两端的研发、设计、营销、服务环节是高附加值环节，而位于中部的原材料提供、零部件生产、组装加工等环节是低附加值环节。

Koopman 等（2010）在 Daudin 等（2009）提出的按照全球价值链对一国产品全部价值进行增加值分解的观点基础上，构建了全球价值链参与指数和全球价值链地位指数，以反映一国参与全球价值链分工的程度和地位。Koopman 等（2010）认为，提供中间产品越多的主体就越靠近研发环节，否则就越靠近加工装配环节。现有研究中对价值链地位的研究，将国家价值链地位与全球价值链地位割裂进行，本节将双重价值链地位在统一框架中考虑，能够准确定位京津冀地区装备制造业在国家价值链和全球价值链中的地位，并清晰对比出装备制造业双重价值链地位的差异。

（一）双重价值链中区域流出增加值分解模型

在双重价值链分工体系中，以区域为参与主体会同时参与到国家价值链和全球价值链中，为了比较出区域在国家价值链和全球价值链中的地位，本节首先要对区域流出的增加值构成进行分解，再根据 Koopman 等（2010）定义的一国在全球价值链中的地位及参与度指标，运用分解项对其修正并得到了区域在国家价值链和全球价值链中的地位及参与度指标。

区域作为主体参与双重价值链的研究，主要以区域间投入产出模型为基础，考虑一国 G 区域 N 部门情况，一国的投入产出关系可以表示为：

$$X^s = \sum_r B^{sr} \sum_t Y^{rt} + \sum_r B^{sr} E^r \qquad (3-1)$$

其中，X 为 $GN \times 1$ 阶总产出矩阵，A 为各区域的中间产品需求的 $GN \times GN$ 阶直接投入系数矩阵，Y 为 $GN \times 1$ 阶最终产品矩阵，E 为 $GN \times 1$ 阶出口产品矩阵，$B = (I - A)^{-1}$ 为 $GN \times GN$ 阶 Leontief 逆矩阵。

根据式（3-1），区域 s 的总产出可以表示为：

$$X^s = \sum_r B^{sr} \sum_t Y^{rt} + \sum_r B^{sr} E^r \qquad (3-2)$$

另外，区域 s 的总产出可以作为中间产品用来继续生产，或者作为最终产品被直接使用（使用最终地可以是本区域内、国内其他区域或者国外），因此区域 s 的总产出可以表示为：

$$X^s = A^{ss}X^s + Y^{ss} + \sum_{r \neq s} A^{sr}X^r + \sum_{r \neq s} Y^{sr} + E^s \qquad (3-3)$$

从式（3-3）中可以发现，区域 s 的总产出按照最终被使用的地点可以分为三部分：国内其他区域使用部分（$\sum_{r \neq s} A^{sr}X^r + \sum_{r \neq s} Y^{sr}$）、本区域直接使用部分（$A^{ss}X^s + Y^{ss}$）和本区域直接出口部分（$E^s$）。由于中间产品多次跨境流转会产生产品价值的重复计算，即第一部分中可能包含重复计算，其余部分均是作为最终产品被使用，不存在重复计算的可能。Koopman 等（2010）构建的地位指数，仅用到区域流出部分中间产品的价值，因此需要对该部分产品价值进行分解。

本节将国内其他区域使用部分即一个区域流出到国内其他区域的产品价值记为 DIO（Domestic Interregional Outflow），它包括两部分价值：最终产品流出价值和中间产品流出价值，用公式可以将国内 s 区域流出到 r 区域的产品价值表示为：

$$DIO^{sr} = Y^{sr} + A^{sr}X^r \qquad (3-4)$$

根据式（3-3），r 区域的总产出可以表示为：

$$X^r = A^{rr}X^r + Y^{rr} + \sum_t DIO^{rt} + E^r$$

$$= L^{rr}Y^{rr} + L^{rr}\sum_t DIO^{rt} + L^{rr}E^r$$

$$\Rightarrow A^{sr}X^r = A^{sr}L^{rr}Y^{rr} + A^{sr}L^{rr}\sum_t DIO^{rt} + A^{sr}L^{rr}E^r \qquad (3-5)$$

其中，$L^{rr} = (I - A^{rr})^{-1}$ 为 $N \times N$ 阶局部 Leontief 逆矩阵。

同时，根据式（3-2），有：

$$X^r = \sum_t B^{rt}\sum_u Y^{tu} + \sum_t B^{rt}E^t$$

$$\Rightarrow A^{sr}X^r = A^{sr}\left(\sum_t B^{rt}\sum_u Y^{tu} + \sum_t B^{rt}E^t\right) \qquad (3-6)$$

另外，根据增加值系数向量、进口系数向量与 Leontief 逆矩阵的关系，有：

$$\sum_t (V^t + M^t)B^{ts} = (1 \quad 1 \quad \cdots \quad 1)_{1 \times N} \qquad (3-7)$$

其中，V 为 VA 各元素除以总产出 X^T 中对应元素得到的 $1 \times GN$ 阶增加值系数矩阵；M 为 IM 各元素除以总产出 X^T 中对应元素得到的 $1 \times GN$ 阶进口中间品系数矩阵。

借鉴 WWZ（2013）的研究，用#表示两个矩阵对应元素相乘，考虑区域间中间产品的流转和进口中间产品在国内区域间的流转，将式（3-5）~式（3-7）代入式（3-4），经过整理分析得到 s 区域流出到 r 区域的增加值分解模型如下：

$$DIO^{sr} = {}_1(V^s B^{ss})^T \# Y^{sr} + {}_2(V^s L^{ss})^T \# A^{sr} \sum_{t \neq s}^{G} B^{rt} \sum_{u \neq s}^{G} Y^{tu} + {}_3(V^s L^{ss})^T \# A^{sr} \sum^{G} B^{rt} E^t$$

$$+ {}_4(V^s L^{ss})^T \# A^{sr} \sum^{G} B^{rt} Y^{ts} + {}_5(V^s L^{ss})^T \# A^{sr} B^{rs} \sum_{t \neq s}^{G} Y^{st} + {}_6(V^s B^{ss} - V^s L^{ss})^T \# A^{sr} X^r$$

$$+ {}_7\left(\sum_{t \neq s}^{G} V^t B^{ts}\right)^T \# Y^{sr} + {}_8\left(\sum_{t \neq s}^{G} V^t B^{ts}\right)^T A^{sr} L^{rr} Y^{rr} + {}_9\left(\sum_{t \neq s}^{G} V^t B^{ts}\right)^T \# A^{sr} L^{rr} DIO^{r*}$$

$$+ {}_{10}\left(\sum_{t \neq s}^{G} V^t B^{ts}\right)^T \# A^{sr} L^{rr} E^r + {}_{11}(M^s L^{ss})^T \# A^{sr} \sum^{G} B^{rt} Y^{ts} + {}_{12}(M^s B^{ss})^T \# Y^{sr}$$

$$+ {}_{13}(M^s L^{ss})^T \# A^{sr} \sum_{t \neq s}^{G} B^{rt} \sum_{u \neq s}^{G} Y^{tu} + {}_{14}(M^s L^{ss})^T \# A^{sr} \sum^{G} B^{rt} E^t + {}_{15}\left(\sum_{t \neq s}^{G} M^t B^{ts}\right)^T \# Y^{sr}$$

$$+ {}_{16}\left(\sum_{t \neq s}^{G} M^t B^{ts}\right)^T A^{sr} L^{rr} Y^{rr} + {}_{17}(M^s L^{ss})^T \# A^{sr} B^{rs} \sum_{t \neq s}^{G} Y^{st} + {}_{18}(M^s B^{ss} - M^s L^{ss})^T \# A^{sr} X^r$$

$$+ {}_{19}\left(\sum_{t \neq s}^{G} M^t B^{ts}\right)^T \# A^{sr} L^{rr} DIO^{r*} + {}_{20}\left(\sum_{t \neq s}^{G} M^t B^{ts}\right)^T \# A^{sr} L^{rr} E^r \qquad (3-8)$$

式（3-8）是 WWZ（2013）的扩展模型（公式中编号是为了方便归类），在国家价值链和全球价值链结合的框架下，将国内区域双边流出按照增加值归属划分为 5 类共 20 项内容，包括归属于本区域的增加值部分（1~3 项）、本区域增加值流出后又返回本区域的部分（4 项）、国内其他区域增加值部分（7 项、8 项）、国外增加值部分（11~16 项）和纯粹重复计算（5 项、6 项、9 项、10 项、17~20 项）。

（二）双重价值链分工地位指数构建

根据 Koopman 等（2010）定义的一国在全球价值链中的地位及参与度指标，本节对其进行修正并得到了 s 区域在国家价值链和全球价值链中的地位及参与度指标。该指标中所有项目都运用式（3-8）中的分项计算得到。国家价值链指标用 NVC（National Value Chain）表示，全球价值链指标用 GVC（Global Value Chain）表示。

$$NVC\_Positon = \ln\left(1 + \frac{D\_RV_n^s}{DIO_n^s}\right) - \ln\left(1 + \frac{D\_NRV_n^s}{DIO_n^s}\right) \tag{3-9}$$

$$GVC\_Positon = \ln\left(1 + \frac{G\_RV_n^s}{DIO_n^s}\right) - \ln\left(1 + \frac{G\_FV_n^s}{DIO_n^s}\right) \tag{3-10}$$

其中，$DIO_n^{sr} = \sum_{r \neq s} DIO_n^{sr}$，$D\_RV_n^{sr} = 2$ 项，$D\_RV_n^s = \sum_{r \neq s} D\_RV_n^{sr}$ 是 s 区域 n 部门流出到国内其他区域的中间产品中归属于 s 区域 n 部门的总增加值；$D\_NRV_n^{sr} = 8$ 项，$D\_NRV_n^s = \sum_{r \neq s} D\_NRV_n^{sr}$ 是 s 区域 n 部门流出到国内其他区域的中间产品中归属于国内其他区域 n 部门的增加值；$G\_RV_n^{sr} = 3$ 项，$G\_RV_n^s = \sum_{r \neq s} G\_RV_n^{sr}$ 是最终被国外吸收的 s 区域 n 部门的中间产品的增加值；$G\_FV_n^{sr} = 11$ 项 $+ 13$ 项 $+ 14$ 项 $+ 16$ 项，$G\_FV_n^s = \sum_{r \neq s} G\_FV_n^{sr}$ 是 s 区域 n 部门流出到国内其他区域中间产品中归属于国外 n 部门的总增加值。

地位指数越大，表明该部门在国家价值链或全球价值链中的地位越高，反之则越低。但是，即使国内两个区域在国家价值链或全球价值链中的参与度有很大区别，其地位指数也有可能相同。因此，还需构建一国某区域某部门在国家价值链和全球价值链的参与度指标，概括其在国家价值链和全球价值链中所占的比重。

$$NVC\_Participation = \frac{D\_RV_n^s}{DIO_n^s} + \frac{D\_NRV_n^s}{DIO_n^s} \tag{3-11}$$

$$GVC\_Participation = \frac{G\_RV_n^s}{DIO_n^s} + \frac{G\_FV_n^s}{DIO_n^s} \tag{3-12}$$

地位参与度指数可以拆分成前向参与度指标（Forward Participation）和后向参与度指标（Backward Participation）两部分。

$$NVC\_Forward\_Participation = \frac{D\_RV_n^s}{DIO_n^s} \tag{3-13}$$

$$NVC\_\ Backward\_\ Participation = \frac{D\_\ NRV_n^s}{DIO_n^s} \qquad (3-14)$$

$$GVC\_\ Forward\_\ Participation = \frac{G\_\ RV_n^s}{DIO_n^s} \qquad (3-15)$$

$$GVC\_\ Backward\_\ Participation = \frac{G\_\ FV_n^s}{DIO_n^s} \qquad (3-16)$$

若一国某个区域的某个部门处于国家价值链上游位置，则其参与国内生产分工的方式将会是向其他区域提供原材料或是中间产品，$D\_\ RV_n^{sr} > D\_\ NRV_n^{sr}$，反之，若一国某个区域处于国家价值链下游位置，则其参与国内生产分工的方式将会是从其他区域获得大量原材料或中间产品来生产最终产品，$D\_\ RV_n^{sr} < D\_\ NRV_n^{sr}$。同理，若一国某个区域的某个部门处于全球价值链上游位置，$G\_\ RV_n^{sr} > G\_\ FV_n^{sr}$，处于下游位置则有 $G\_\ RV_n^{sr} < G\_\ FV_n^{sr}$。由于此部分讨论仅涉及中间产品的流转，因此仅表示微笑曲线左半边，即从研发设计环节（上游）到最终产品完工环节（下游）。因此，若一地区某一部门在双重价值链中的前向参与度指标大于后向参与度指标，则该区域该部门更靠近价值链上游位置，否则该区域该部门更靠近价值链下游位置。

（三）京津冀地区双重价值链分工地位分析

1. 数据来源及说明

本章采用中国科学院区域可持续发展分析与模拟重点实验室编制的2015年中国30省区市30部门区域间投入产出表，包含除了香港、澳门、台湾和西藏外的30个省份数据。

值得注意的是，第一，该投入产出表中存在误差一列，为了模型中达到中间使用与最终使用之和与总产出相等，本节将误差一项按照比例分配加入各省区市最终使用中。第二，本书关注的行业是装备制造业，在国民经济行业分类（GB/T 4754—2017）中，装备制造业包括C33～C40共8个子行业，但在本章使用的数据中，装备制造业部分子行业被合并统计，装备制造业包括6个子行业，另外为了在图表中显示得更加简洁，本章采用如表3-2所示代码分类本章涉及的 6 个装备制造业子行业。

表 3 - 2   装备制造业子行业及代码

代码	装备制造业子行业	代码	装备制造业子行业
A	C33 金属制品业	D	C38 电气机械及器材制造业
B	C34 ~ C35 通用专用设备制造业	E	C39 通信设备计算机及其他电子设备制造业
C	C36 ~ C37 交通运输设备制造业	F	C40 仪器仪表制造业

2. 装备制造业整体双重价值链分工地位

运用式（3-9）到式（3-16），本书测算出了各地区在双重价值链地位的相关指数变量。为了明确京津冀地区装备制造业在国家价值链和全球价值链中的地位，本节首先分析京津冀地区装备制造业整体在双重价值链中的地位、参与度，并与长三角地区和珠三角地区进行对比分析；其次针对装备制造业的 6 个子行业在双重价值链中的地位进行具体分析。

表 3 - 3 列出了京津冀地区、长三角地区和珠三角地区在国家价值链和全球价值链中的地位和参与度结果。从中可以看出，在国家价值链中，京津冀地区装备制造业的分工地位和参与度略高于长三角地区，略低于珠三角地区；在全球价值链中，三大经济圈的地位指数均为负，其中京津冀地区装备制造业的分工地位在三大经济圈中最高，参与度指数居中，略高于珠三角地区，略低于长三角地区。三大经济圈的全球价值链参与度均高于国家价值链参与度，可见三大经济区装备制造业均呈现出参与全球价值链分工的偏好。综上，京津冀地区装备制造业在国家价值链中具备一定的技术优势。而在全球价值链中，京津冀地区虽然积极参与全球价值链分工，为国外提供中间产品并进口国外中间产品的程度均高于为国内地区提供和接受其他国内地区提供中间产品的程度，但是负的全球价值链地位指数表明京津冀地区产品中进口中间品的价值高于国内生产中间产品的价值，说明了中国装备制造业对于进口中间产品的依赖程度很强。

表 3 - 3　装备制造业双重价值链分工地位

地区	NVC 地位	NVC 参与度	GVC 地位	GVC 参与度
京津冀地区	0.109	0.223	- 0.194	0.241
长三角地区	0.103	0.204	- 0.220	0.273
珠三角地区	0.128	0.276	- 0.232	0.224

　　表 3 - 4 列出了三大经济圈在双重价值链中前向参与度和后向参与度的情况。从中可以看出，京津冀地区装备制造业的国内前向参与度远远高于后向参与度，说明京津冀地区装备制造业在国家价值链中更多地为国内其他地区提供中间产品，更靠近国家价值链上游；而在全球价值链中，后向参与度远远高于前向参与度，说明京津冀地区装备制造业严重依赖于国外增加值，在全球价值链中位于附加值较低的下游环节。

表 3 - 4　装备制造业双重价值链前向、后向参与度

地区	NVC 前向参与度	NVC 后向参与度	GVC 前向参与度	GVC 后向参与度
京津冀地区	0.172	0.051	0.012	0.229
长三角地区	0.159	0.045	0.011	0.261
珠三角地区	0.211	0.066	0.017	0.282

　　3. 装备制造业各子行业双重价值链分工地位

　　图 3 - 13 列出了三大经济圈装备制造业 6 个子行业的双重价值链分工地位及参与度。通过对比分析发现，京津冀地区装备制造业各子行业在双重价值链中地位呈现如下两个特点：

　　第一，中国三大经济圈在国家价值链和全球价值链中的地位和参与度呈现出了完全一致的变化趋势，各区域在国家价值链中的地位指标与参与度指标变化趋势同步，而在全球价值链中的地位指标与参与度指标变化背道而驰。这说明了中国装备制造业的国家价值链在区域和行业形成了一定程度的生产技术水平和国内分工的匹配，即具备一定技术水平的地区及子

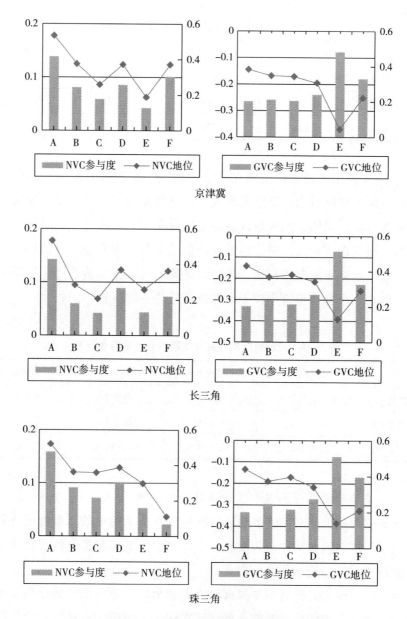

图3-13 三大经济圈双重价值链分工地位及参与度

注：左纵坐标为地位指数坐标，右纵坐标为参与度指数坐标。

行业为其他技术水平相对落后的区域及子行业提供原材料和中间产品；而

在全球价值链中，京津冀装备制造业的技术水平与国外仍存在巨大差距，通信设备计算机及其他电子设备制造业（E）和仪器仪表制造业（F）子行业尤其突出，其中通信设备计算机及其他电子设备制造业（E）子行业在各区域的生产能力、国际贸易水平、外商投资等方面都表现得最为突出，但在所有区域的国家价值链中具有最低的地位和参与度，在全球价值链中处于最低地位但是有最高的参与度。说明京津冀地区装备制造业高度参与全球价值链的行业过分地依赖于国外复杂的中间产品，而国内产业技术水平有限，无法参与到全球价值链中。

第二，京津冀地区参与双重价值链分工具有偏向性。京津冀地区与长三角地区和珠三角地区地位指数差距并不明显，但是除了 E 和 F 子行业，京津冀地区的国家价值链参与度均高于全球价值链参与度。可见京津冀地区在积极地参与全球价值链的同时，也开始注重国家价值链的构建。

图 3 - 14 列出了三大经济圈装备制造业 6 个子行业的双重价值链分工的前向参与度和后向参与度。从中可以看出，三大经济圈所有装备制造业子行业在国家价值链中均位于上游，其中京津冀地区在通用专用设备制造业（B）、交通运输设备制造业（C）和仪器仪表制造业（F）三个子行业比长三角地区具有更高的参与度，仪器仪表制造业（F）比珠三角地区有更高的参与度。再看三大经济圈在全球价值链中的参与度情况，装备制造业各子行业在全球价值链中均位于下游地区，首先是通信设备计算机及其

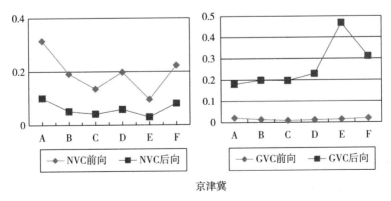

京津冀

图 3 - 14　三大经济圈双重价值链分工前、后向参与度

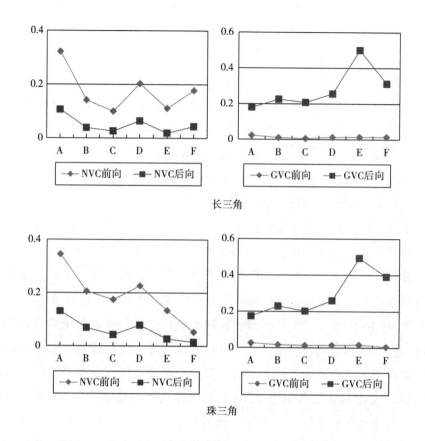

长三角

珠三角

图 3-14 三大经济圈双重价值链分工前、后向参与度（续）

他电子设备制造业（E）子行业，其次是仪器仪表制造业（F）子行业。这两个子行业是典型的技术密集型行业，而在技术密集型较低的金属制品业（A）中，三大经济区的全球价值链前向和后向参与度的差距最小。

将京津冀地区双重价值链分工地位各项指标在国内 30 个省份之间进行排名，结果如表 3-5 所示。从中可以发现以下两个特点：

第一，京津冀地区的通用专用设备制造业（B）和仪器仪表制造业（F）具有较高的地位和较高的参与度，可以说京津冀地区这两个子行业在国家价值链中具有一定的领导地位。而在全球价值链中，京津冀地区在通用专用设备制造业（B）上具有一定的国内领导地位，而其他子行业的地位均较低，但具有国内领先的全球价值链参与度；金属制品业（A）和通信设备计算机及其他电子设备制造业（E）两个子行业具有非常高的全球价值链参与度，说明京津冀地区虽然倾向于参与全球价值链，但是地区生产水平和技术水平还不高，不但受制于国外技术，在国内也没有形成优势。

表3-5　京津冀装备制造业子行业双重价值链分工地位各项指标排名

子行业	国家价值链				全球价值链			
	前向	后向	地位	参与度	前向	后向	地位	参与度
A	18	9	18	14	18	6	26	6
B	11	8	12	10	12	15	16	14
C	19	12	20	18	18	13	21	15
D	16	9	18	16	18	13	18	13
E	20	4	20	16	17	7	26	7
F	12	4	16	10	8	8	24	7

　　第二，京津冀地区所有装备制造业子行业，无论在国家价值链还是在全球价值链中，后向参与度排名均高于前向参与度，说明了京津冀地区致力于中间产品的加工再流转，间接说明了京津冀地区在装备制造业核心中间产品的生产和技术水平上是非常有限的，其参与全球价值链的模式是：进口国外核心零部件和复杂中间产品→加工、组装→分包给国内其他地区进行进一步加工、组装→产成品或组装半成品再出口。

　　综上，虽然京津冀地区装备制造业在国家价值链中形成了一定的生产能力与国内分工的匹配，但是由于各子行业在全球价值链中的地位指数均为负，且后向参与度远远高于前向参与度，在技术密集型行业更甚，说明了京津冀地区装备制造业在全球价值链中仍被锁定在附加值较低的加工、组装和中间产品的加工出口阶段，国家价值链是依附于全球价值链存在的，国家价值链分工中涉及的生产环节也全部都是低附加值环节。

三、京津冀地区装备制造业升级现状

Gereffi（1999）认为企业升级是一个企业或经济体迈向更具活力能力的资本和技术密集型经济领域的过程。Poon（2004）也指出，企业升级就是制造商成功地从生产劳动密集型低廉价值产品向生产更高价值的资本或技术密集型产品的经济角色转移的过程。本节就运用赫克歇尔—俄林模型（HO模型），根据京津冀地区装备制造业的要素禀赋判断其产业升级的现状。

（一）基于要素禀赋的三产品—两组合HO模型

HO模型又称要素禀赋理论，由Heckscher与Ohlin在20世纪30年代共同提出，最初是研究两个国家之间要素禀赋差异导致贸易的理论。本节研究的模型由美国学者Schott（2003）所建立。他将最初研究两种生产要素（劳动要素和资本要素），两产品—单一组合的HO模型拓展为多产品—多组合的HO模型，其中组合是指包含特定生产要素禀赋的产品组合。Kiyota（2012，2014）将Schott的模型拓展应用于日本国内，在日本所有产业进行应用，实证结果表明，HO模型在国家内部也成立，同时三产品—两组合的HO模型的拟合结果最好。因此，本节应用三产品—两组合的HO模型检验京津冀地区装备制造业的产业升级情况。

假设企业包含两种生产要素（劳动要素 L 和资本要素 K），资本劳动比率 $k(k=K/L)$ 表示产品的资本密集程度。企业根据其持有的生产要素，可以选择生产三种产品（劳动密集型产品 Y_1、过渡产品 Y_2 和资本密集型产品 Y_3），有 $k_1 < k_2 < k_3$。因此，按照企业所生产的产品不同，将企业所处的行

业相应地划分为劳动密集型行业 I_1、过渡行业 I_2 和资本密集型行业 I_3 三类。三种行业所组成的组合有两种：劳动密集型行业与过渡行业；资本密集型行业与过渡行业。两组合的边界资本劳动比率（组合节点）表示为 $\xi_i(i=0, 1, 2)$，且有 $\xi_0=0$。

假设 Y_n 表示行业 n 的生产产品的总产量，$y_n = Y_n/L_n$ 表示行业 n 的人均产出价值，$k_n = K_n/L_n$ 表示行业 n 的资本劳动比率，并且有 $K = K_1 + K_2 + K_3$ 和 $L = L_1 + L_2 + L_3$。假设产品 m 的价格为 p_m，市场是完全竞争市场，存在恒定的 p_m。用 Z_m 表示产品 m 的产出总价值（也就是生产产品 m 的行业产出总价值 $z_m = p_m Y_m/L$），有 $Z_m = p_m Y_m$，用 z_m 表示产品的人均产出价值（也就是生产产品 m 的行业人均产出价值），有 $z_m = p_m Y_m/L$。

根据以上假设，得到行业人均产出价值 z_m 和资本劳动比率 k 的关系如图 3-15 所示。

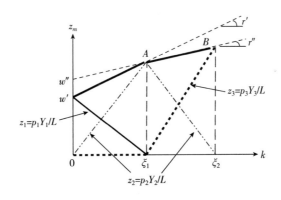

图 3-15　行业人均产出价值与资本劳动比率的关系

根据图 3-15，$w'AB$ 表示人均产出价值，即 $z = z_1 + z_2 + z_3$。由 $w'AB$ 可以看出，随着行业的资本要素相对劳动要素的比重越来越高，人均产出价值不断提高。

对于不同的行业组合，所生产的产品组合也不同：

（1）当 $k \in (0, \xi_1]$ 时，行业生产劳动密集型产品和过渡产品，却不生产资本密集型产品。

（2）当 $k \in (\xi_1, \xi_2]$ 时，行业生产过渡产品和资本密集型产品，却不生产劳动密集型产品。

因此，根据人均产出价值与资本劳动比率的关系，可以反映出在资本要素禀赋有差异时，不同行业的发展路径。劳动密集型行业的发展路径为 $w'\xi_1\xi_2$、过渡行业的发展路径为 $0A\xi_2$、资本密集型行业的发展路径为 $0\xi_1B$。随着资本劳动比率的不断提高，行业逐渐由劳动密集型产业向资本密集型产业转变。

（二）京津冀地区装备制造业子行业产业升级现状

1. 数据来源及指标选取

为了明晰京津冀地区装备制造业子行业的发展情况，本节选取了地区内制造业所有子行业的样本数据，与装备制造业 8 个子行业进行对比分析。所选取的样本公司是在 1991 年 7 月 3 日深市成立之后京津冀地区上市的全部制造业企业共 284 家，剔除了近 6 年数据不全的企业，最终保留 2009 ~ 2014 年有完整数据的 205 家制造业企业，共包含 21 个子行业。文中列示的子行业代码全部为国民经济行业分类标准（GB/T 4754—2017）给定的制造业子行业代码，研究的样本数据全部从 RESSET 锐思数据库获得。

在分析指标的选取上，借鉴王俊（2015）的指标选取标准，选用 2009年不变价格的主营业务收入作为企业产出；资本存量（按照永续盘存法将各年度资本流量转换成资本存量）作为资本要素，包括生产相关的固定资产（排除经营租赁租出设备、路桥及构筑物等与生产明显无关的固定资产）和无形资产（主要包括专利权、软件）；企业在职员工总数作为劳动要素。

2. 行业资本劳动比率变化情况

Kaplinsky（2001）认为产业升级就是经济主体由低层次向高层次的转化，也即由劳动密集型、低附加价值生产转向资本和技术密集型、高附加价值生产。产业在发展的过程中必然经历生产要素禀赋由劳动密集型向资本密集型的转变。因此，不同行业的要素禀赋随着时间的变化可能发生改变。本书按照所有行业的资本劳动比率（k 值）分布情况，将 k 值分为 10 个等级，运用不同深度的颜色进行标记分档，结果如表 3 - 6 所示。

表 3 - 6　k 值档位及标记颜色　　　　单位：百万/人

k	(0, 0.1]	(0.1, 0.2]	(0.2, 0.3]	(0.3, 0.4]	(0.4, 0.5]	(0.5, 0.7]	(0.7, 0.9]	(0.9, 1.1]	(1.1, +)
颜色									

根据表 3 - 6 划分的档位，将 2009～2014 年京津冀地区制造业所有子行业的 k 值进行标记，并按照各子行业 6 年 k 值平均由低到高的顺序进行排列，得到了研究期间内京津冀地区制造业子行业的 k 值层次分布，如表 3 - 7 所示。

根据表 3 - 7 中颜色分布可以得出两个基本结论：

第一，不同行业的资本劳动比率随着时间的变化基本呈现出由低到高的发展趋势，也就是随着时间的推移，产业逐渐向资本密集型方向发展。但是少数行业例外，如 C14：2010 年 k 在第 1 个档位，而其余年份均在第 2 个档位。另外，在研究期间内，2013 年是较特殊的一年，C13、C40 和 C33 三个子行业的 k 值在该年均有明显的变化，使得研究期间内三个子行业的 k 值不表现为稳定或持续上升趋势。

第二，制造业各子行业间的 k 值大小关系并非固定不变，如 C15 和 C40 两个子行业之间，在 2012 年以前 C15 k 值较大，而在 2012 年以后 C40 k 值较大。

综上，在京津冀地区制造业各个子行业基本符合产业逐步由劳动密集型向资本密集型转变的产业升级理论。但是对于各个子行业具体处于 HO 模型中的哪个组合阶段，还要进行进一步分析。

3. HO 聚合方程

目前，我国通用的行业分类是证监会行业分类（2012 年）。其分类标准是按照企业产品的主要用途来归类，而不是根据行业的要素禀赋来分类，这样的标准无法体现行业的要素禀赋差异。为了研究不同子行业在要素禀赋差异下的发展路径，本书应用 Schott 提出的 HO 聚合（HO Aggregate）概念，根据子行业的生产要素禀赋情况，将制造业子行业重新聚合并划分为劳动密集型行业、过渡行业和资本密集型行业。

表 3 - 7　2009 ~ 2014 年京津冀地区制造业
资本劳动比率变化情况　　　　　单位：百万/人

子行业	2009	2010	2011	2012	2013	2014	平均 k
C13	0.05	0.06	0.09	0.11	0.08	0.11	0.083
C28	0.09	0.08	0.08	0.10	0.10	0.25	0.117
C17	0.07	0.08	0.09	0.13	0.17	0.20	0.123
C14	0.11	0.10	0.16	0.18	0.18	0.15	0.148
C34	0.13	0.11	0.13	0.17	0.18	0.20	0.152
C39	0.13	0.13	0.14	0.15	0.18	0.18	0.153
C36	0.16	0.13	0.14	0.16	0.17	0.18	0.210
C27	0.20	0.21	0.22	0.21	0.23	0.26	0.222
C15	0.23	0.23	0.22	0.21	0.24	0.26	0.229
C40	0.11	0.12	0.11	0.38	0.41	0.38	0.253
C41	0.18	0.23	0.26	0.29	0.29	0.36	0.267
C29	0.24	0.26	0.27	0.30	0.30	0.25	0.269
C37	0.13	0.13	0.19	0.33	0.40	0.46	0.272
C35	0.12	0.14	0.38	0.35	0.41	0.42	0.304
C18	0.07	0.28	0.48	0.42	0.38	0.40	0.339
C38	0.34	0.50	0.43	0.43	0.45	0.45	0.433
C33	0.32	0.39	0.40	0.62	0.50	0.70	0.489
C32	0.63	0.59	0.62	0.60	0.65	0.51	0.599
C26	0.46	0.53	0.51	0.55	0.78	0.85	0.612
C30	0.58	0.66	0.78	0.81	0.88	0.82	0.754
C31	0.83	0.88	1.15	1.24	1.44	2.09	1.269

假设 h_i 是 HO 聚合的分界点，根据不同行业的资本劳动比率的范围可以得到：劳动密集型行业的劳动资本比率 $k_1 \in (0, h_1)$、过渡行业的劳动资本比率 $k_2 \in (h_1, h_2)$、资本密集型行业的劳动资本比率 $k_3 \in (h_2, +\infty)$。

Z_{it} 表示 i 行业第 t 年的产出价值，该价值是第 t 年处于 $[h_{i-1}, h_i)$ 内所有行业的产出价值总和，即

$$Z_{it} = \sum_{n \in \{n \mid k_{nt} \in [h_{i-1}, h_i)\}} Z_{nt} \qquad (3-17)$$

其中，z_{it} 表示 i 行业第 t 年的人均产出价值，即 $z_{it} = Z_{it}/L_{it}$。

用虚拟变量 d_j 划分三类聚合行业，若 $k_t \in (\xi_{i-t}, \xi_i)$，则 $d_j = 1$，否则 $d_j = 0$。于是可以得到三类行业的 HO 聚合方程：

（1）劳动密集型行业。

$$z_{1t} = \alpha_1 (k_t - \xi_1) d_1 + \varepsilon_{1t} \qquad (3-18)$$

（2）过渡行业。

$$z_{2t} = \alpha_2 \left\{ k_t d_1 + \frac{\xi_1}{\xi_1 - \xi_2} (k_t - \xi_2) d_2 \right\} + \varepsilon_{2t} \qquad (3-19)$$

（3）资本密集型行业。

$$z_{3t} = \alpha_3 (k_t - \xi_2) d_3 + \varepsilon_{3t} \qquad (3-20)$$

对于四个分界点——组合节点 (ξ_1, ξ_2) 和聚合分界点 (h_1, h_2) 的估计，根据每个分界点的位置，确定各个分界点取值的阈值范围，以 1 个单位为递增单元，对分界点的所有组合进行回归分析，最终的分界点选择赤池信息准则（AIC）和贝叶斯信息准则（BIC）最小并且调整 R^2 后的最优组合。

4. 联立方程回归结果

对于 3 个 HO 聚合方程，变量之间虽然并无内在联系，但方程的扰动项可能存在相关关系，用普通联立方程组回归可能产生误差。因此选用似无相关回归（Seemingly Unrelated Regression Estimation，SUR），应用京津冀地区制造业子行业数，对方程 1 至方程 3 进行联立方程组回归。回归结果如表 3-8 所示。

根据上述回归结果，可以得到京津冀地区制造业子行业的人均产出价值与资本劳动比率的关系，如图 3-16 所示。

表3-8　似无相关回归结果

聚合分界点: $h_1 = 0.08$, $h_2 = 0.21$　　　　　　　　　　　　　　　　　　　AIC = -138.11

组合节点: $\xi_1 = 0.09$, $\xi_2 = 0.32$　　　　　　　　　　　　　　　　　　　BIC = -121.10

	Coef.	Std. Err.	Pvalue	Obs	RMSE	R-sq
聚合方程1	-16.256	0.006	0.000	126	0.061	0.645
聚合方程2	6.097	0.032	0.000	126	0.250	0.421
聚合方程3	1.636	0.056	0.000	126	0.524	0.506

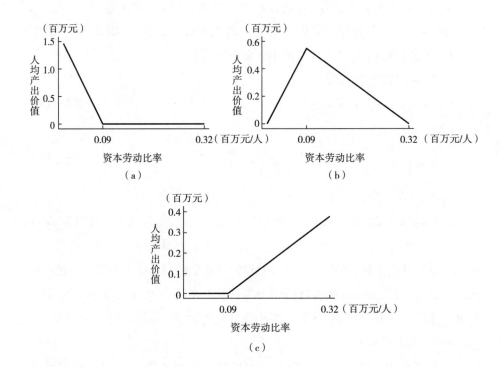

图3-16　京津冀地区制造业子行业的人均产出价值与资本劳动比率的关系

从图3-16可以发现,京津冀地区制造业子行业的发展路径完全符合三产品—两组合的HO模型。(a)代表劳动密集型行业发展路径;(b)代表过渡行业发展路径;(c)代表资本密集型行业发展路径。组合节点 $\xi_1 = 0.09$, $\xi_2 = 0.32$, 即当 $k \in (0, 0.09]$ 时, 行业属于劳动密集型行业或过渡行业；当 $k \in (0.09, 0.32]$ 时，行业属于过渡行业或资本密集型行业。

5. 京津冀地区装备制造业子行业发展阶段分析

根据实证结果分析，得到了京津冀地区制造业三产品—两组合的 HO 模型，组合节点分别为 $\xi_1 = 0.09$，$\xi_2 = 0.32$。而装备制造业 8 个子行业的产业升级方向，还需要明晰 8 个子行业到底归属于哪类要素密集型行业。

在聚合分界点 $h_1 = 0.08$，$h_2 = 0.21$ 时，2009～2014 年京津冀地区装备制造业 8 个子行业 k 值变化趋势如图 3 – 17 所示，为了使图形变化趋势更加清晰，图 3 – 17 中仅画出 $k < 1$ 的部分。

根据图 3 – 17 可以发现，京津冀地区装备制造业 8 个子行业没有劳动密集型行业。具体而言，可以分为三类，如表 3 – 9 所示。

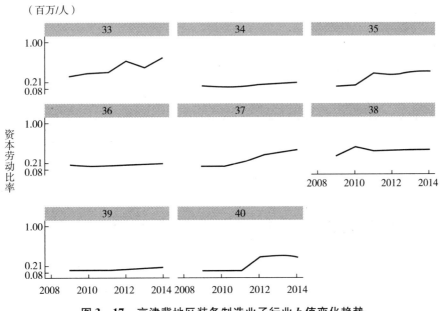

图 3 – 17　京津冀地区装备制造业子行业 k 值变化趋势

京津冀地区装备制造业子行业中并没有劳动密集型产业，证明了"十二五"期间（2011～2015 年）促进高端装备制造业领衔发展的规划取得了一定的效果，装备制造业已经初步从粗放型发展方式下的能源、固定资本等初级要素逐渐转变成现在的基础设施、人力资本、科技创新等更高级的要素。但是,京津冀地区装备制造业仍处于产业价值链的中低端。根据Kiyota的研究,日本制造业子行业的资本劳动比率平均为京津冀地区的 5 倍,京津冀地区的要素禀赋与日本制造业差距悬殊。京津冀地区装备制造业还需进一步发展。

表 3 - 9　装备制造业产业升级情况

资本密集型行业	子行业升级情况	装备制造业子行业
	过渡行业	C34 通用设备制造业
		C36 汽车制造业
		C39 计算机通信和其他电子设备制造业
	由过渡行业发展为资本密集型行业	C35 专用设备制造业
	始终是资本密集型行业	C37 铁路船舶航空航天和其他运输设备制造业
		C40 仪器仪表制造业
		C33 金属制品业
		C38 电气机械和其他电子设备制造业

四、京津冀地区装备制造业产业升级存在的问题

(一) 创新链与产业链对接不充分,持续创新能力亟须提升

京津冀地区集中了全国 1/3 的国家重点实验室和工程技术研究中心,拥有超过 2/3 的两院院士,集聚了以中关村国家自主创新示范区为代表的7 个国家高新区和 7 个国家级经济技术开发区,拥有丰富密集的创新资源。

然而，京津冀地区内创新分工格局尚未形成，创新链与产业链对接融合不充分，科技资源共享不足。除交通运输设备制造业（C36～C37）和计算机通信和其他电子设备制造业（C39）两个子行业在各项指标表现较突出外，受限于规模、资金、人才和技术手段等因素，京津冀地区装备制造产业整体研究开发能力比较薄弱，针对重大项目的自主研发能力不强，一些涉及高新技术的装备还需要依赖进口。基础零部件、基础工艺和基础材料等产品的生产和研发远远落后于京津冀地区装备制造业发展的整体水平。高附加值的电子信息产业集群整体没有进入设计，只是产权经营等高附加值环节，而核心技术和市场仍掌握在国外发达国家和跨国公司手中。在产品的设计和制造方面也存在问题，按照现代化的设计观点，对产品的设计需要考量市场、生产、设计等过程，从中找到最优的结合点，开发设计出技术、成本、销售等方面都实现最佳配置的产品，京津冀地区装备制造业在此方面能力也不强。在研发资源分配上也存在问题，企业是最需要新技术也是最热衷推动技术创新的部门但却不是人才和研发经费的集中地，大量的研发经费和人员都集中在研究机构，许多研究成果成为高校举办评比的指标却不能应用到企业生产之中。

（二）装备制造业与信息产业融合引致的转型升级效果有待提高

由于工业发展历史悠久，京津冀地区装备制造业具有良好的基础，伴随工业化与信息化融合，信息技术已经广泛应用于设计、工艺、生产等生产流程，在数字化模具、数控机械设备等方面已经普及了信息技术，提高了装备制造业的自动化和智能化水平。但相比国外发达国家水平，京津冀地区信息化与工业化融合深度还不够，智能化的软硬件缺乏自主研发技术，高端传感器、操作系统、关键零部件主要依赖进口，在大数据推动数字和流程整合转型方面落后于全球整体水平。

（三）装备制造业与生产性服务业的融合发展程度较低

京津冀地区装备制造业对生产性服务业的利用程度不足，这与生产性服务业本身的发展水平有关，但更重要的还在于装备制造业本身处于中低端水平，对生产性服务业特别是一些先进生产性服务业的有效需求不高。美国、日本和德国在20世纪七八十年代，制造业的服务投入比例的最低水平就达到20%、18%和23%，而京津冀地区装备制造业在当前服务投入的最高水平也尚未达到该水平。

　　京津冀地区基本是基于加工贸易的外向型经济发展模式，在国际分工中基本从事劳动密集型和生产装配环节。即使是技术或资本密集型的产品，京津冀地区也从事低附加值环节生产，其技术经济特征是对资源的高强度消耗和密集化使用。跨国企业凭借生产性服务业的比较优势，占据了产业价值链的高端，赚取高额利润。长期以来，外资拉动型的装备制造业以及生产性服务业的开放水平在很大程度上限制了企业技术进步和技术创新，在一定程度上抑制了生产性服务业竞争力的提高。具有较大规模和竞争力的生产性企业集团较少，平均规模较小，在组织规模、服务技术、服务质量和管理水平等方面与国际大型跨国公司相比存在很大差距。

（四）装备制造业对双向 FDI 利用不足，技术溢出效应不明显

　　我国吸收外资的最初目的是引进资本以促进我国经济发展。经过40年的发展，事实证明，外商资本的大量进入带动了经济的飞速发展。但近年来，由于外商的大量进入，也给经济发展、产业升级带来了负面影响，如重复建设、产能过剩、环境污染、资源短缺等问题。再加上由于我国OFDI 起步较晚，也存在一些问题，如投资经验不足、缺乏相应的高端人才和专业人才以及相关支持和发展政策不完善等，这些问题可能会在某种程度上影响 OFDI 的价值链升级效应。

第四章

双重价值链下京津冀装备制造业
产业升级的影响因素分析

本书在第三章分析了京津冀地区装备制造业的发展现状，评价了京津冀地区装备制造业在双重价值链中的地位和参与度，根据要素禀赋判断了京津冀地区装备制造业各子行业产业升级的现状。为了实现京津冀地区装备制造业在双重价值链中实现产业升级，需要识别出促进京津冀地区装备制造业产业升级的主要影响因素及其影响机制。在诸多影响产业升级的因素中，学者们经过研究发现，技术创新投入（Kong et al.，2016；Jens，2018）、生产性服务业（Aboal & Tacsir，2018；Wu et al.，2018）和双向FDI（外商直接投资 IFDI 和对外直接投资 OFDI）（Chen，2018；Gao et al.，2017；Diezenbacher & Los，2017）对产业升级具有最直接和最重要的影响，是主要的驱动力量。因此，本章主要从这三类影响因素入手，在双重价值链下分别探析技术创新投入、生产性服务业和双向 FDI 对京津冀地区装备制造业产业升级的影响。

一、科技创新投入对装备制造业产业升级的影响分析

（一）科技创新投入绩效结构分解分析模型

在中国这样的开放经济体中，区分区域内、国内和进口中间品、最终产品是必要的。因此，对于同时参与双重价值链的包含 n 个部门的国内地区 s 来说，它的总产出可以被写为如下方程：

从供给侧有：

$$X^s = L^{ss}(Y^{ss} + \sum_{r \neq s} A^{sr} X^r + \sum_{r \neq s} Y^{sr} + E^s) \qquad (4-1)$$

其中，X^s 是一个 $1 \times n$ 阶总产出列向量；$L^{ss} = (I - A^{ss})^{-1} \cdot X^s$ 是 $n \times n$ 阶局部列昂惕夫逆矩阵；A^{sr} 是 s 区域到 r 区域的 $n \times n$ 阶区域间投入系数矩阵；Y^{sr} 是 $1 \times n$ 阶列向量，衡量 r 区域对 s 区域最终产品的需求；E^s 是 $1 \times n$ 阶列向量，衡量国外对于 s 区域中间产品和最终产品的需求。

从需求侧有：

$$(X^s)' = 1' \cdot Z^{ss} + 1' \cdot \sum_{r \neq s} Z^{rs} + VA^s + IM^s = (X^s)'H^{ss} + 1' \cdot \sum_{r \neq s} Z^{rs}$$
$$+ VA^s + IM^s \qquad (4-2)$$

其中，$H^{ss} = (\hat{X}^s)^{-1} \cdot Z^{ss}$；$Z^{rs}$ 是 $n \times n$ 阶矩阵，衡量 r 区域到 s 区域的投入；VA^s 是 $1 \times n$ 阶行向量，衡量 s 区域产生的增加值；IM^s 是 $1 \times n$ 阶行向量，衡量 s 区域的进口中间品。

通过公式变换，得到：

$$(X^s)' = (1' \cdot \sum_{r \neq s} Z^{rs} + VA^s + IM^s)(I - H^{ss})^{-1} = (1' \cdot \sum_{r \neq s} Z^{rs} + VA^s$$
$$+ IM^s) G^s \qquad (4-3)$$

其中，$G^s = (I - H^{ss})^{-1}$ 是 $n \times n$ 阶局部高斯逆矩阵。

1. 供给侧创新绩效投入分解模型

实际上，式（4-1）是根据不同地区的中间和最终需求对总产出进行的分解。运用 R&D 利用效率向量（α^s）代表每单位 R&D 支出中的新产品产值，用 R&D 强度向量（β^s）代表每单位总产出中的 R&D 支出，根据式（4-1），供给侧 s 区域新产品产值可以写为：

$$NP_s = \hat{\alpha}^s \cdot \hat{\beta}^s \cdot L^{ss} \cdot (Y^{ss} + \sum_{r \neq s} A^{sr} X^r + \sum_{r \neq s} Y^{sr} + E^s)$$

$$= \underbrace{\hat{\alpha}^s}_{(1)} \cdot \underbrace{(\underbrace{\hat{\beta}^s \cdot L^{ss} \cdot Y^{ss}}_{(2a)} + \underbrace{\hat{\beta}^s \cdot L^{ss} \cdot \sum_{r \neq s} A^{sr} X^r}_{(2b)} + \underbrace{\hat{\beta}^s \cdot L^{ss} \cdot \sum_{r \neq s} Y^{sr}}_{(2c)} + \underbrace{\hat{f}_{ri/x} \cdot L^{ss} \cdot E^s}_{(2d)})}_{(2)}$$

$$(4-4)$$

其中，上标（^）表示对角矩阵。

新产品产值可以被分解为：（1）R&D 支出的利用效率和（2）R&D 支出总额两个主要影响因素。根据不同区域的中间或最终需求，R&D 支出总额又可以被继续分解为四个部分：（2a）满足本区域最终产品需求引致的 R&D 支出；（2b）满足国内其他地区中间产品需求引致的 R&D 支出；（2c）满足国内其他地区最终产品需求引致的 R&D 支出；（2d）满足国外需求引致的 R&D 支出。

新产品产值能够展示创新产出的规模，但是由于区域间的资源和环境的差距，中国区域间的创新转化能力差距很大，而新产品产值的总量并不能说明区域间的差距。因此采用比率指标 $R^s = \dfrac{NP_s}{1' \cdot X_s}$，它代表了每区域总产出中的新产品产值的份额，表示区域 s 的创新绩效，用公式写为：

$$R^s = \frac{NP_s}{1' \cdot X_s} = \frac{\hat{\alpha}^s \cdot \hat{\beta}^s \cdot L^{ss} \cdot (Y^{ss} + \sum_{r \neq s} A^{sr} X^r + \sum_{r \neq s} Y^{sr} + E^s)}{1' \cdot X_s}$$

$$= \hat{\alpha}^s \cdot \hat{\beta}^s \cdot L^{ss} \cdot S^s \qquad (4-5)$$

其中，$S^s = \dfrac{Y^{ss} + \sum_{r \neq s} A^{sr} X^r + \sum_{r \neq s} Y^{sr} + E^s}{1' \cdot X_s}$，$1'$ 是所有元素均为 1 的

$1 \times n$ 阶行向量。SDA 是用于投入产出研究的普遍工具之一，并且在经济、环境和社会问题研究中广泛应用。Dietzenbacher 和 Los（1997，1998）的研究发现任意两个对立分解模型的平均都是一个合理的估计。这种方法在很多 SDA 分析中都应用过。本书运用下角标 1 和 0 代表选取研究期间的最终阶段和初始阶段。根据这个方法，s 区域创新绩效的变化 ΔR^s 可以被分解并加总为如下公式：

$$\Delta R^s = \underbrace{\frac{1}{2}\Delta\hat{\alpha}^s(\hat{\beta}_1^s L_1^{ss} S_1^s + \hat{\beta}_0^s L_0^{ss} S_0^s)}_{\Delta\hat{\alpha}^s} + \underbrace{\frac{1}{2}(\hat{\alpha}_0^s \Delta\hat{\beta}^s L_1^{ss} S_1^s + \hat{\alpha}_1^s \Delta\hat{\beta}^s L_0^{ss} S_0^s)}_{\Delta\hat{\beta}^s}$$

$$+ \underbrace{\frac{1}{2}(\hat{\alpha}_0^s \hat{\beta}_0^s \Delta L^{ss} S_1^s + \hat{\alpha}_1^s \hat{\beta}_1^s \Delta L^{ss} S_0^s)}_{\Delta L^{ss}} + \underbrace{\frac{1}{2}(\hat{\alpha}_0^s \hat{\beta}_0^s L_0^{ss} + \hat{\alpha}_1^s \hat{\beta}_1^s L_1^{ss})\Delta S^s}_{\Delta S^s}$$

$$= C(\Delta\hat{\alpha}^s) + C(\Delta\hat{\beta}^s) + C(\Delta L^{ss}) + C(\Delta S^s) \qquad (4-6)$$

第一阶段的分解获得了四个决定因素：①$C(\Delta\hat{\alpha}^s)$ 衡量了 R&D 支出利用效率变化的影响；②$C(\Delta\hat{\beta}^s)$ 衡量了 R&D 强度变化的影响；③$C(\Delta L^{ss})$ 是供给侧生产能力的影响；④$C(\Delta S^s)$ 是在参与 GVCs 或 NVCs 过程中垂直专业化的影响。前两个因素是创新能力影响变量，后两项影响因素能够被进一步分解。

对于 $C(\Delta L^{ss})$，根据定义，有：

$$\Delta L^{ss} = L_1^{ss} - L_0^{ss} = L_1^{ss} \Delta A^{ss} L_0^{ss} \qquad (4-7)$$

定义 "#" 是元素级别的矩阵乘法符号，代表如果一个 $n \times n$ 阶矩阵乘以另一个 $n \times n$ 阶矩阵，一个矩阵中的元素将与另一个矩阵中对应位置的元素相乘，同时定义 "/" 为元素级别的矩阵除法符号。根据式（4-7）可以得到如下公式：

$$\Delta L^{ss} = L_1^{ss} - L_0^{ss} = L_1^{ss} \Delta A^{ss} L_0^{ss} = L_1^{ss} \Delta(A^s \# s_a^{Ass}) L_0^{ss} \qquad (4-8)$$

其中，$A^s = \sum_r A^{sr}, s^{Ass} = A^{ss} / \sum_r A^{sr}$。

将式（4-6）中的 ΔL^{ss} 用式（4-8）替换，$C(\Delta L^{ss})$ 可以被进一步分解为两部分：

在式（4-9）中，第一项 $C(\Delta A^s)$ 是中间产品总供给比例，表示由于本区域到其他所有国内地区的总投入系数变化导致的创新绩效的变化，它衡量了本区域中间产品供给的重要程度。第二项 $C(\Delta s^{Ass})$ 是本区域中间产品供给比例，它衡量了本区域中间产品投入水平变化导致的创新绩效的变化。

$$C(\Delta L^{ss}) = \frac{1}{2}(\hat{\alpha}_0^s\hat{\beta}_0^s\Delta L^{ss}S_1^s + \hat{\alpha}_1^s\hat{\beta}_1^s\Delta L^{ss}S_0^s)$$

$$= \underbrace{\frac{1}{4}\left[\hat{\alpha}_0^s\hat{\beta}_0^sL_1^{ss}\Delta A^s\#(s_1^{Ass}+s_0^{Ass})L_0^sS_1^s + \hat{\alpha}_1^s\hat{\beta}_1^sL_1^{ss}\Delta A^s\#(s_1^{Ass}+s_0^{Ass})L_0^sS_0^s\right]}_{\Delta A^s}$$

$$+ \underbrace{\frac{1}{4}\left[\hat{\alpha}_0^s\hat{\beta}_0^sL_1^{ss}(A_1^s+A_0^s)\#\Delta s^{Ass}L_0^sS_1^s + \hat{\alpha}_1^s\hat{\beta}_1^sL_1^{ss}(A_1^s+A_0^s)\#\Delta s^{Ass}L_0^sS_0^s\right]}_{\Delta s^{Ass}}$$

$$= C(\Delta A^s) + C(\Delta s^{Ass}) \tag{4-9}$$

对于 $C(\Delta S^s)$，根据前文的定义，可以被写为：

$$S^s = \frac{Y^{ss} + \sum_{r\neq s}A^{sr}X^r + \sum_{r\neq s}Y^{sr} + E^s}{1'\cdot X_s} = s^{Yss} + r^A\cdot\sum_{r\neq s}s^{Asr} + r^Y\cdot\sum_{r\neq s}s^{Ysr} + s^E \tag{4-10}$$

其中，$s^{Yss} = \dfrac{Y^{ss}}{1'\cdot X_s}, r^A = \dfrac{1'\cdot\sum_{r\neq s}A^{sr}X^r}{1'\cdot X_s}, s^{Asr} = \dfrac{A^{sr}X^r}{1'\cdot\sum_{r\neq s}A^{sr}X^r}, r^Y =$

$\dfrac{1'\cdot\sum_{r\neq s}Y^{sr}}{1'\cdot X_s}, s^{Ysr} = \dfrac{Y^{sr}}{1'\cdot\sum_{r\neq s}Y^{sr}}, s^E = \dfrac{E^s}{1'\cdot X_s}$。

将式（4-10）代入式（4-6）的第四项中，能够得到 $C(\Delta S^s)$ 的进一步分解公式：

$$C(\Delta S^s) = \underbrace{\frac{1}{2}(\hat{\alpha}_0^s\hat{\beta}_0^sL_0^{ss} + \hat{\alpha}_1^s\hat{\beta}_1^sL_1^{ss})\Delta s^{Yss}}_{\Delta s^{Yss}} +$$

$$\underbrace{\frac{1}{4}(\hat{\alpha}_0^s\hat{\beta}_0^sL_0^{ss} + \hat{\alpha}_1^s\hat{\beta}_1^sL_1^{ss})\Delta\hat{r}^A(\sum_{r\neq s}s_1^{Asr} + \sum_{r\neq s}s_0^{Asr})}_{\Delta r^A} +$$

$$\underbrace{\frac{1}{4}(\hat{\alpha}_0^s\hat{\beta}_0^sL_0^{ss} + \hat{\alpha}_1^s\hat{\beta}_1^sL_1^{ss})(\hat{r}_1^A + \hat{r}_0^A)\Delta\sum_{r\neq s}s^{Asr}}_{\Delta\sum_{r\neq s}s^{Asr}} +$$

$$\underbrace{\frac{1}{4}(\hat{\alpha}_0^s\hat{\beta}_0^sL_0^{ss} + \hat{\alpha}_1^s\hat{\beta}_1^sL_1^{ss})\Delta\hat{r}^Y(\sum_{r\neq s}s_1^{Ysr} + \sum_{r\neq s}s_0^{Ysr})}_{\Delta r^Y} +$$

$$\underbrace{\frac{1}{4}(\hat{\alpha}_0^s\hat{\beta}_0^s L_0^{ss} + \hat{\alpha}_1^s\hat{\beta}_1^s L_1^{ss})(\hat{r}_1^Y + \hat{r}_0^Y)\Delta\sum_{r\neq s}s^{Ysr}}_{\Delta\sum_{r\neq s}s^{Ysr}} +$$

$$\underbrace{\frac{1}{2}(\hat{\alpha}_0^s\hat{\beta}_0^s L_0^{ss} + \hat{\alpha}_1^s\hat{\beta}_1^s L_1^{ss})\Delta s^E}_{\Delta s^E}$$

$$= C(\Delta s^{Yss}) + C(\Delta r^A) + C(\Delta\sum_{r\neq s}s^{Asr}) + C(\Delta r^Y) +$$

$$C(\Delta\sum_{r\neq s}s^{Ysr}) + C(\Delta s^E) \qquad\qquad (4-11)$$

其中，$\hat{r}^A$ 是 $n\times n$ 阶对角矩阵，其对角元素为 r^A。$\hat{r}^Y$ 同理。

在式（4-11）中，$C(\Delta S^s)$ 被分解为 6 部分：①$C(\Delta s^{Yss})$ 是本区域最终需求的水平影响，它衡量了本区域最终产品需求与区域总产出需求比例的变化导致的创新绩效的变化。②$C(\Delta s^E)$ 是国外需求的水平影响，而它衡量了出口占区域总产出比例的变化导致的创新绩效的变化。③$C(\Delta r^A)$ 是国内其他地区中间产品需求的水平影响，衡量了国内其他地区中间产品需求占区域总产出比例的变化导致的创新绩效的变化。④$C(\Delta\sum_{r\neq s}s^{Asr})$ 是国内其他地区中间产品需求的结构影响，是国内其他地区的总影响，对于每一个个体影响 Δs^{Asr} 来说，它衡量了区域 r 的中间产品需求占国内其他地区中间需求综合比例的变化导致的创新绩效的变化。⑤$C(\Delta r^Y)$ 是国内其他地区最终需求的水平影响。⑥$C(\Delta\sum_{r\neq s}s^{Ysr})$ 是国内其他地区最终需求的结构影响。

总体来说，供给侧的创新绩效变化可以被分解为如下 10 个影响因素。

$$\Delta R^s = C(\Delta\hat{\alpha}^s) + C(\Delta\hat{\beta}^s) + C(\Delta A^s) + C(\Delta s^{Ass}) + C(\Delta s^{Yss}) +$$

$$C(\Delta r^A) + C(\Delta\sum_{r\neq s}s^{Asr}) + C(\Delta r^Y) + C(\Delta\sum_{r\neq s}s^{Ysr}) + C(\Delta s^E)$$

$$(4-12)$$

2. 需求侧创新绩效投入分解模型

式（4-3）根据中间需求和本区域增加值将 s 区域总产出进行分解。需求侧的 s 区域新产品产值可以表示为：

$$NP_s = \hat{\alpha}^s \cdot \hat{\beta}^s \cdot X^s = \hat{\alpha}^s \cdot \hat{\beta}^s \cdot (G^s)' \cdot \left[(\sum_{r\neq s}Z^{rs})' \cdot 1 + (VA^s)' + (IM^s)'\right]$$

$$= \underbrace{\hat{\alpha}^s}_{(1)} \cdot \Big[\underbrace{\hat{\beta}^s \cdot (G^s)' \cdot (VA^s)'}_{(2e)} + \underbrace{\hat{\beta}^s \cdot (G^s)' \cdot (\sum_{r \neq s} Z^{rs})' \cdot 1}_{(2f)} + \underbrace{\hat{\beta}^s \cdot (G^s)' \cdot (IM^s)'}_{(2g)} \Big]$$

$$\underbrace{\phantom{\hat{\beta}^s \cdot (G^s)' \cdot (VA^s)' + \hat{\beta}^s \cdot (G^s)' \cdot (\sum_{r \neq s} Z^{rs})' \cdot 1 + \hat{\beta}^s}}_{(2)}$$

$$(4 - 13)$$

新产品产值同样可以被分解为两个因素：（1）R&D 支出的利用效率和（2）R&D 支出总额，根据参与 GVCs 或者 NVCs，R&D 支出总额可以从需求侧被分解为三个部分：（2e）由于本区域增值能力引致的 R&D 支出；（2f）由于使用国内其他地区中间产品引致的 R&D 支出；（2g）由于使用进口中间产品引致的 R&D 支出。

运用与供给侧相同的方法，s 区域创新绩效从供给侧可以分解为：

$$R^D = \frac{NP_s}{1' \cdot X_s} = \frac{\hat{\alpha}^s \cdot \hat{\beta}^s \cdot (G^s)' \cdot \Big[(\sum_{r \neq s} Z^{rs})' \cdot 1 + (VA^s)' + (IM^s)' \Big]}{1' \cdot X_s}$$

$$= \hat{\alpha}^s \cdot \hat{\beta}^s \cdot (G^s)' \cdot D^s \qquad (4 - 14)$$

其中，$D^s = \dfrac{(\sum_{r \neq s} Z^{rs})' \cdot 1 + (VA^s)' + (IM^s)'}{1' \cdot X_s}$ ，于是有：

$$\Delta R^D = \underbrace{\frac{1}{2} \Delta \hat{\alpha}^s \big[\hat{\beta}_1^s (G_1^s)' D_1^s + \hat{\beta}_0^s (G_0^s)' D_0^s \big]}_{\Delta \hat{\alpha}^s}$$

$$+ \underbrace{\frac{1}{2} \big[\hat{\alpha}_0^s \Delta \hat{\beta}^s (G_1^s)' D_1^s + \hat{\alpha}_1^s \Delta \hat{\beta}^s (G_0^s)' D_0^s \big]}_{\Delta \hat{\beta}^s}$$

$$+ \underbrace{\frac{1}{2} \big[\hat{\alpha}_0^s \hat{\beta}_0^s \Delta (G^s)' D_1^s + \hat{\alpha}_1^s \hat{\beta}_1^s \Delta (G^s)' D_0^s \big]}_{\Delta (G^s)'}$$

$$+ \underbrace{\frac{1}{2} \big[\hat{\alpha}_0^s \hat{\beta}_0^s (G_0^s)' + \hat{\alpha}_1^s \hat{\beta}_1^s (G_1^s)' \big] \Delta D^s}_{\Delta D^s}$$

$$= C(\Delta \hat{\alpha}^s) + C(\Delta \hat{\beta}^s) + C\big[\Delta (G^s)' \big] + C(\Delta D^s) \qquad (4 - 15)$$

现在需要分解式（4 - 15）中的后两项。

对于 $C\big[\Delta (G^s)' \big]$，高斯逆矩阵的变化 $\Delta (G^s)'$ 根据定义可以被写为：

$$\Delta (G^s)' = (G_1^s)' - (G_0^s)' = (G_1^{ss} \Delta H^{ss} G_0^{ss})' = (G_0^{ss})' (\Delta H^{ss})' (G_1^{ss})'$$

$$(4 - 16)$$

在式（4-16）中用 $H^{ss} = (\hat{X}^s)^{-1} \cdot Z^{ss} = (\hat{X}^s)^{-1} \cdot Z^s \# r^{Zss}$ 替换 H^{ss}（其中 $Z^s = \sum_r Z^{rs}, r^{Zss} = Z^{ss}/\sum_r Z^{rs}$），并将其代入式（4-15）的第三项中，可以得到：

$$C[\Delta(G^s)'] = \frac{1}{2}[\hat{\alpha}_0^s \hat{\beta}_0^s \Delta(G^s)' D_1^s + \hat{\alpha}_1^s \hat{\beta}_1^s \Delta(G^s)' D_0^s]$$

$$= \frac{1}{4}\underbrace{\left\{ \begin{array}{l} \hat{\alpha}_0^s \hat{\beta}_0^s (G_0^s)'[\Delta(\hat{X}^s)^{-1} Z_1^s \# r_1^{Zss} + \Delta(\hat{X}^s)^{-1} Z_0^s \# r_0^{Zss}]'(G_1^s)' D_1^s \\ + \hat{\alpha}_1^s \hat{\beta}_1^s (G_0^s)'[\Delta(\hat{X}^s)^{-1} Z_1^s \# r_1^{Zss} + \Delta(\hat{X}^s)^{-1} Z_0^s \# r_0^{Zss}]'(G_1^s)' D_0^s \end{array} \right\}}_{\Delta(\hat{X}^s)^{-1}}$$

$$+ \frac{1}{4}\underbrace{\left\{ \begin{array}{l} \hat{\alpha}_0^s \hat{\beta}_0^s (G_0^s)'[(\hat{X}_1^s)^{-1} \Delta Z^{ss} \# r_0^{Zss} + (\hat{X}_0^s)^{-1} \Delta Z^{ss} \# r_1^{Zss}]'(G_1^s)' D_1^s \\ + \hat{\alpha}_1^s \hat{\beta}_1^s (G_0^s)'[(\hat{X}_1^s)^{-1} \Delta Z^{ss} \# r_0^{Zss} + (\hat{X}_0^s)^{-1} \Delta Z^{ss} \# r_1^{Zss}]'(G_1^s)' D_0^s \end{array} \right\}}_{\Delta Z^s}$$

$$+ \frac{1}{4}\underbrace{\left\{ \begin{array}{l} \hat{\alpha}_0^s \hat{\beta}_0^s (G_0^s)'[(\hat{X}_1^s)^{-1} Z_1^s \# \Delta r^{Zss} + (\hat{X}_0^s)^{-1} Z_0^s \# \Delta r^{Zss}]'(G_1^s)' D_1^s \\ + \hat{\alpha}_1^s \hat{\beta}_1^s (G_0^s)'[(\hat{X}_1^s)^{-1} Z_1^s \# \Delta r^{Zss} + (\hat{X}_0^s)^{-1} Z_0^s \# \Delta r^{Zss}]'(G_1^s)' D_0^s \end{array} \right\}}_{\Delta r^{Zss}}$$

$$= C[\Delta(\hat{X}^s)^{-1}] + C(\Delta Z^s) + C(\Delta r^{Zss}) \qquad (4-17)$$

在式（4-17）中，第一项 $C[\Delta(\hat{X}^s)^{-1}]$ 是总产出分配影响，它衡量了由于区域总产出水平倒数的变化导致的创新绩效的变化；第二项 $C(\Delta Z^s)$ 是 s 区域中间产品总需求的影响，它是 s 区域对其他所有区域中间产品需求总量的变化导致的创新绩效的变化；第三项 $C(\Delta r^{Zss})$ 是本区域中间产品需求的影响，衡量了对本区域中间产品需求水平的影响。

对于 $C(\Delta D^s)$，对 D^s 进行变换，得到：

$$D^s = \frac{(\sum_{r \neq s} Z^{rs})' \cdot 1 + (VA^s)' + (IM^s)'}{1' \cdot X_s} = r^Z \cdot s^{Zrs} + s^V + s^I \quad (4-18)$$

其中，$r^Z = \dfrac{1' \cdot (\sum_{r \neq s} Z^{rs})'}{1' \cdot X^s}, s^{Zrs} = \dfrac{(Z^{rs})' \cdot 1}{1' \cdot (\sum_{r \neq s} Z^{rs})'}, s^V = \dfrac{(VA^s)'}{1' \cdot X_s},$

$s^I = \dfrac{(IM^s)'}{1' \cdot X_s}$。

将式（4-18）代入式（4-15）的第四项，得到：

$$C(\Delta D^s) = \frac{1}{4}\underbrace{[\hat{\alpha}_0^s \hat{\beta}_0^s (G_0^s)' + \hat{\alpha}_1^s \hat{\beta}_1^s (G_0^s)']\Delta \hat{r}^Z (\sum_{r \neq s} s_1^{Zrs} + \sum_{r \neq s} s_0^{Zrs})}_{\Delta r^Z}$$

$$+ \frac{1}{4} \underbrace{[\hat{\alpha}_0^s \hat{\beta}_0^s (G_0^s)' + \hat{\alpha}_1^s \hat{\beta}_1^s (G_0^s)'](\hat{r}_1^Z + \hat{r}_0^Z) \Delta \sum_{r \neq s} s^{Zrs}}_{\Delta \sum_{r \neq s} s^{Zrs}}$$

$$+ \frac{1}{2} \underbrace{[\hat{\alpha}_0^s \hat{\beta}_0^s (G_0^s)' + \hat{\alpha}_1^s \hat{\beta}_1^s (G_0^s)'] \Delta s^V}_{\Delta s^V} + \frac{1}{2} \underbrace{[\hat{\alpha}_0^s \hat{\beta}_0^s (G_0^s)' + \hat{\alpha}_1^s \hat{\beta}_1^s (G_0^s)'] \Delta s^I}_{\Delta s^I}$$

$$= C(\Delta r^Z) + C(\Delta \sum_{r \neq s} s^{Zrs}) + C(\Delta s^V) + C(\Delta s^I) \qquad (4-19)$$

在式（4 - 19）中，$C(\Delta D^s)$ 被分解为 4 部分：①$C(\Delta r^Z)$ 是 s 区域中间产品需求的水平影响，衡量了 s 区域中间产品需求占区域总产出比例的变化导致的创新绩效的变化。②$C(\Delta \sum_{r \neq s} s^{Zrs})$ 是 s 区域中间产品需求结构的影响，它是 s 区域对其他国内区域中间产品需求的总影响，每一个个体效应 s^{Zrs} 衡量了 s 区域对 r 区域中间产品需求占 s 区域对国内其他区域中间产品总需求比例的变化导致的创新绩效的变化。③$C(\Delta s^V)$ 是本区域增值能力的水平影响。④$C(\Delta s^I)$ 是本区域对进口中间产品需求水平的影响。

总的来说，需求侧的创新绩效变化可以被分解为如下 9 个影响因素。

$$\Delta R^D = C(\Delta \hat{\alpha}^s) + C(\Delta \hat{\beta}^s) + C[\Delta(\hat{X}^s)^{-1}] + C(\Delta Z^s) + C(\Delta r^{Zss}) +$$
$$C(\Delta r^Z) + C(\Delta \sum_{r \neq s} s^{Zrs}) + C(\Delta s^V) + C(\Delta s^I) \qquad (4-20)$$

3. 供给侧和需求侧的影响因素层次结构

根据前文的分析，本节将供给侧和需求侧的影响因素分为三个层次。在第一层次中，将创新绩效变化的影响因素分为创新能力、生产能力和垂直专业化的影响。在第二层次中，进一步将垂直专业化的影响分为参与全球价值链和参与国家价值链的影响。在第三层次中，根据式（4 - 12）和式（4 - 20）将第一层和第二层的影响因素分解为具体的影响因素。

影响因素的综合分层结果如图 4 - 1 所示。

（二）科技创新投入绩效驱动因素分析

1. 数据来源和处理

本节有三个主要数据来源。一是 2002 年、2007 年和 2012 年的中国区域间投入产出表，由中国国家信息中心编制，这是到目前为止关于中国

8 个区域最新和最全面的投入产出数据。根据经济结构和空间位置的相似性，中国 31 个省市区被划分为 8 个区域，如表 4 - 1 所示。二是装备制造业 R&D 支出数据来自 2003 ~ 2013 年的《中国科技统计年鉴》。三是新产品产值数据来自 2003 ~ 2013 年的《工业经济统计年鉴》。

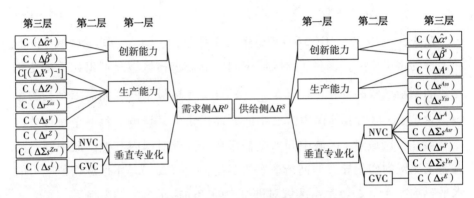

图 4 - 1　供给侧和需求侧创新绩效影响因素层次

表 4 - 1　中国内地分区

8 大分区	8 大分区包含省市区
东北地区	黑龙江、吉林、辽宁
京津地区	北京、天津
北部沿海地区	河北、山东
东部沿海地区	江苏、上海、浙江
南部沿海地区	福建、广东、海南
中部地区	山西、河南、湖北、湖南、安徽、江西
西北地区	内蒙古、甘肃、陕西、宁夏、青海、新疆
西南地区	重庆、四川、贵州、广西、云南、西藏

对于本节所使用的数据，有如下几点需要说明：

（1）投入产出表中有一列"误差"，根据最终需求的结构将其折算到最终需求中。

（2）本书研究的是京津冀地区，但是由于统计原因，京津区域合并，河北和山东合并统计为北部沿海地区，因此，将京津区域和北部沿海区域合并，近似统计京津冀地区装备制造业的情况。

（3）根据国民行业分类（GB/T 4754—2017），装备制造业分为8个子行业。但是在本节使用的投入产出表中，一些行业被合并进行统计，如通用设备制造业和专用设备制造业被合并为设备制造业。所以本节研究的装备制造业包含5个子行业：金属冶炼及制品业、通用和专用设备制造业、交通运输设备制造业、电子信息制造业和仪器仪表制造业。分别是投入产出表中的第9到第13个行业。

（4）投入产出表是按当前价格计算的，并且很多研究为了使结果在不同年份可比，将其调整为不变价格。但是本节使用的指标都为比率指标，能够消除价格因素的影响，所以价格因素不影响研究结果。

（5）考虑到创新投入到创新产出的时滞，运用当年的R&D支出作为创新投入，而运用滞后一年的数据作为创新产出。

2. 装备制造业创新要素分解

在进行分解之前，先了解一下2002～2012年创新投入和产出的情况。图4-2展示了中国7个区域R&D支出和新产品产值的变化情况。京津冀地区装备制造业在10年间R&D经费支出和新产品产值分别增加了8.02倍和14.35倍。国家整体装备制造业的两个指标分别增加了9.39倍和10.34倍。可见京津冀地区装备制造业创新投入水平有待提高，但是创新产出水平增长迅速，体现了京津冀地区装备制造业技术水平的提高。

在地区间差异层面，京津冀地区的R&D经费支出在国内地区间处于较低水平，在大部分研究期间位于倒数第二，仅仅高于西北地区水平。东部沿海地区在研究期间内，R&D经费支出平均为京津冀地区的4.48倍、中部地区平均为京津冀地区的1.74倍。新产品产值情况与R&D经费投入情况不同，研究期间内京津冀地区虽然在总量上落后于东部沿海地区和南部沿海地区，但是京津冀地区拥有最高的增长幅度，而且新产品产值领先的地区都是中国经济较发达的地区。

从上述分析可以看出，京津冀地区在中国区域间R&D经费投入水平不

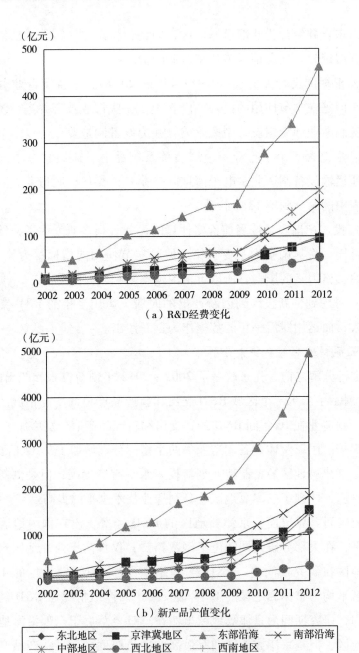

（a）R&D经费变化

（b）新产品产值变化

| ◆ 东北地区 | ■ 京津冀地区 | ▲ 东部沿海 | ✕ 南部沿海 |
| ✳ 中部地区 | ● 西北地区 | ＋ 西南地区 | |

图4－2 装备制造业 R&D 经费和新产品产值情况

高，但是新产品产值水平提升最快，体现了京津冀地区在 2001 年加入世界贸易组织后，实现了快速的发展，提高了区域创新产出水平。

根据式（4-4），将新产品产值从供给侧和需求侧进行分解。两侧分解得到了相同的两个主要的影响因素：①R&D 支出的利用效率（见图 4-3）；②R&D 支出总额，它能够进一步分解为与区域间贸易和国际贸易相关的几个部分（见图 4-4）。

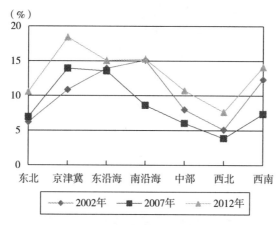

图 4-3　R&D 经费支出利用效率

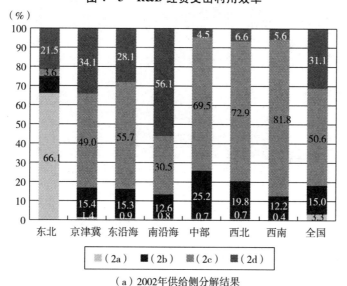

（a）2002 年供给侧分解结果

图 4-4　R&D 经费支出供给侧和需求侧分解结果

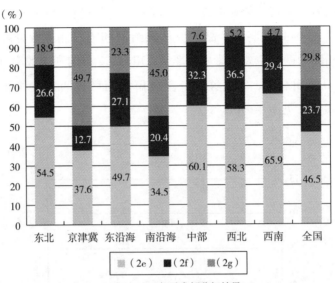

（b）2002年需求侧分解结果

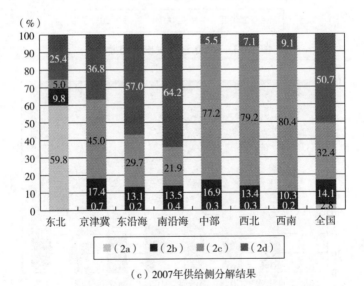

（c）2007年供给侧分解结果

图4-4 R&D经费支出供给侧和需求侧分解结果（续）

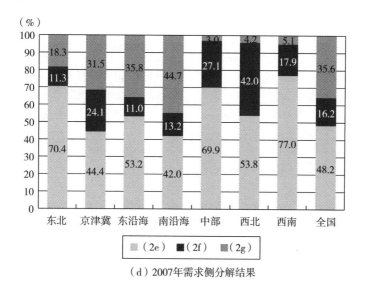

（d）2007年需求侧分解结果

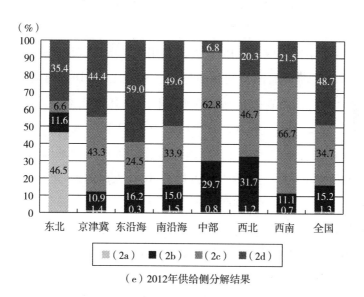

（e）2012年供给侧分解结果

图4-4　R&D经费支出供给侧和需求侧分解结果（续）

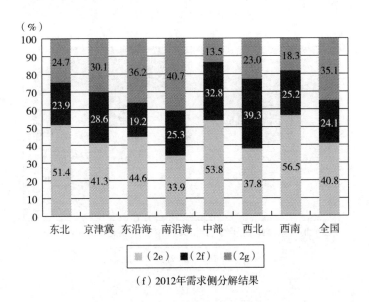

（f）2012年需求侧分解结果

图4-4 R&D经费支出供给侧和需求侧分解结果（续）

从图4-4中可以发现，R&D支出利用率在所有区域都是波动变化的，京津冀地区由于新产品产值的快速增长，实现了R&D支出利用率在研究期间的连续增长，而其他区域在2007年，R&D支出利用率均低于2002年，随后在2012年有所恢复，甚至还高于2002年的水平。

从供给侧的分解结果来看，从国家层面，国内其他地区最终需求引致的R&D支出（2c）是主要因素，占据了R&D支出的50.9%，但是随着时间的推移，该比率缩减到2007年的38.3%，取而代之的是国外需求引致的R&D支出（2d），其比例从27.8%上升至42.6%，成为了最主要的影响因素。在区域层面，研究发现最终需求引致的R&D支出（2a、2c）在大部分地区都有所下降，结果是国外需求引致的R&D支出（2d）迅速增长。京津冀地区国内其他地区中间需求和最终需求引致的R&D支出（2b、2c）持续下降，而出口引致的R&D支出（2d）迅速增加。从需求侧的结果来看，大部分区域由于使用国内和进口中间产品引致的R&D支出（2f、2g）逐步替代了本区域增值能力引致的R&D支出（2e），而京津冀地区本区域增值能力引致的 R&D 支出和使用国内中间产品引致的 R&D 支出（2e、2f）持续提升，而使用进口中间产品引致的 R&D 支出（2g）有明显的下降，这说明了京津冀地区的技术水平逐步提高，能够在装备制造业关键零部件的生产上取得一定的突破，国内生产的中间产品逐步替代了进口中间产品。

3. 供给侧创新绩效的结构分解分析

本节研究的装备制造业包括 5 个子行业，但创新绩效结构分解只能逐一进行，为了说明问题又不显烦琐，在此选取在国家价值链和全球价值链中地位均最低但是参与度极高的电子信息制造业为例，将各因素按图 4 - 1 的层次进行分解，供给侧分解结果如表 4 - 2 所示。

表 4 - 2　供给侧创新绩效结构层次分解结果　　　　单位:%

年份	地区	创新能力		生产能力		NVC					GVC
		$\Delta\hat{\alpha}^s$	$\Delta\hat{\beta}^s$	ΔA^s	Δs^{Ass}	Δs^{Yss}	Δr^A	$\Delta\sum s^{Asr}$	Δr^Y	$\Delta\sum s^{Ysr}$	Δs^E
2002 ~ 2007	东北	7.30	58.17	-5.88	-1.15	-3.22	4.80	-3.49	7.42	-6.54	2.03
	京津冀	27.38	39.72	-3.32	-4.58	-0.43	1.90	7.07	2.18	1.60	11.83
	东沿海	-2.06	44.41	-9.49	-6.91	-2.61	0.60	1.30	-0.18	-1.65	30.79
	南沿海	-29.16	51.35	0.55	-5.32	-2.90	2.24	-1.13	0.85	-0.01	6.49
	中部	-19.19	52.85	-3.21	1.92	8.59	-7.66	3.63	-0.67	-1.51	0.78
	西北	-15.75	55.99	-11.36	2.18	-0.78	-6.55	1.39	-3.39	-2.03	-0.58
	西南	-31.45	45.18	-8.18	0.33	-4.39	0.50	-1.65	-4.63	2.00	1.69
2007 ~ 2012	东北	29.51	-34.62	-14.30	-1.58	-5.15	-0.31	2.21	-2.42	3.80	6.09
	京津冀	15.87	-17.02	-15.51	2.67	-10.66	2.61	-11.43	3.06	-3.27	17.89
	东沿海	22.58	-20.00	13.02	2.05	-13.50	-2.91	9.82	-4.82	4.78	6.53
	南沿海	37.22	-27.97	5.48	6.04	3.69	1.43	-2.08	1.96	-0.39	-13.74
	中部	43.77	-10.94	4.57	-8.57	-11.32	6.84	4.88	1.31	6.33	1.47
	西北	33.53	-8.62	-10.04	-4.95	-22.84	8.16	-1.20	5.59	0.25	4.83
	西南	30.25	-22.48	-0.90	-0.22	-9.61	2.02	-1.77	15.02	-12.84	4.89

年份	地区	创新能力		生产能力		NVC					GVC
		$\Delta \hat{\alpha}^s$	$\Delta \hat{\beta}^s$	ΔA^s	Δs^{Ass}	Δs^{Yss}	Δr^A	$\Delta \sum s^{Asr}$	Δr^Y	$\Delta \sum s^{Ysr}$	Δs^E
2002~2012	东北	29.58	24.77	−17.28	−2.19	−8.23	4.06	−1.24	3.74	−1.99	6.93
	京津冀	27.70	20.94	−12.63	−0.65	−8.54	1.91	−1.85	3.23	−0.83	21.72
	东沿海	5.78	36.17	−3.49	−6.35	−8.22	−0.38	4.75	−2.31	0.50	32.04
	南沿海	0.89	57.34	11.40	−3.75	−1.11	7.14	−5.51	4.93	−0.65	−7.28
	中部	21.66	46.79	1.09	−6.11	−2.21	−3.61	11.12	0.35	4.84	2.21
	西北	14.92	36.62	−15.56	−2.84	−20.23	1.24	−0.10	2.51	−2.97	3.01
	西南	8.95	18.20	−11.49	0.67	−18.15	4.03	−5.18	11.94	−12.29	9.12

2002~2007 年，除了西南地区，其他地区创新绩效均呈增长态势。京津冀地区是增长最快的地区，其创新绩效的增长达到了东部沿海地区的 4 倍。创新能力是主要的影响因素，平均能够提升创新绩效 69%。垂直专业化在西北地区和西南地区有 −20% 的负向贡献。生产能力在所有区域均存在负向影响，范围在 −27.96%~−3.39%。中国于 2001 年加入 WTO，创新能力提高，作为产品的供应商积极参与 NVC 和 GVC，已经极大地促进了中国电子信息制造业创新绩效的提升。但是生产能力的不足仍然制约着产业的发展。

2007~2012 年，情况有所不同。创新绩效的变化几乎与 2002~2007 年截然相反，并且创新绩效在京津冀地区和东部沿海地区下降了大约 30%。创新能力在中西部地区是重要的促进因素，生产能力成为了大部分地区的主要影响因素，但是兼具正向影响和负向影响。垂直专业化仅仅在东北地区和中部地区有正向影响。由于全球化的深入，中国区域间发展越来越不平衡。除了京津冀地区，生产能力在沿海地区都有所提升，其也成为了内陆地区创新绩效提升的最大阻碍。创新能力的不足和国内外需求的疲软导致了产业较差的创新绩效。

当进一步观察创新能力的两个分解因素时，发现尽管 R&D 支出利用效率（$\Delta\hat{\alpha}^s$）和 R&D 强度（$\Delta\hat{\beta}^s$）在研究的整个阶段均有正向影响，但是 $\Delta\hat{\alpha}^s$ 在 2002 ~ 2007 年阻碍了创新绩效的提升，而在 2007 ~ 2012 年成为了促进创新绩效提升的主要因素。而 $\Delta\hat{\beta}^s$ 的情况刚好相反。

对于生产能力来说，中间产品总供给比例（ΔA^s）是主要的影响因素，在 2002 ~ 2007 年的大部分地区具有负向影响，而 2007 ~ 2012 年的情况变得更加糟糕。本区域中间产品供给比例（Δs^{Ass}）在大部分沿海地区的两段研究期内均有所提高。这表示沿海地区中间产品的生产能力有提升，并且在国内市场中越来越重要。

从参与全球价值链和参与国家价值链两方面考察垂直专业化的影响。在国家价值链中，本区域的最终需求有负向影响，这是由于大部分地区越来越多地参与全球价值链和国家价值链。其他国内地区的中间需求和最终需求均越来越重要。表 4 - 3 报告了其他国内地区中间需求和最终需求的结构。可以发现，沿海地区中间需求的影响由正变负，这可能是由于进口中间品的影响。内陆地区最终需求的影响由负变正，尤其是内陆地区对于沿海地区的最终需求，这表明了沿海地区国内竞争力有所提升。

表 4 - 3　供给侧中间需求和最终需求的结构　　单位:%

年份	地区	中间需求		最终需求	
		沿海地区	内陆地区	沿海地区	内陆地区
2002 ~ 2007	东北	- 52.75	- 47.25	- 47.06	- 52.94
	京津冀	99.35	- 0.65	76.02	- 23.98
	东沿海	72.12	- 27.88	- 3.63	- 96.37
	南沿海	- 45.28	- 54.72	- 53.49	46.51
	中部	93.78	- 6.22	- 11.92	- 88.08
	西北	61.47	- 38.53	14.18	- 85.82
	西南	- 7.55	- 92.45	65.95	34.05

年份	地区	中间需求		最终需求	
		沿海地区	内陆地区	沿海地区	内陆地区
2007~2012	东北	69.37	30.63	49.32	50.68
	京津冀	-81.98	-18.02	-99.09	0.91
	东沿海	96.13	-3.87	62.99	37.01
	南沿海	-45.63	-54.37	-61.60	38.40
	中部	89.72	-10.28	85.69	14.31
	西北	-79.28	20.72	87.81	12.19
	西南	-52.17	-47.83	-48.85	-51.15

在全球价值链中，发现出口对于创新绩效的提升有重要影响，除了东部沿海和南部沿海，这两个地区在 2007~2012 年创新绩效分别下降了 10.76% 和 13.74%。原因是，不同于其他地区，这两个地区的出口正在下降，并且从图 4-4 可以发现这两个地区的最终产品正在转向国内市场，但是这种转变并没有提升创新绩效。

4. 需求侧创新绩效的结构分解分析

表 4-4 报告了供给侧的创新绩效影响因素分解结果。由于创新投入的影响与供给侧相同，这里重点关注后两个影响因素对创新绩效的影响。

表 4-4　需求侧创新绩效结构层次分解结果　　　　单位:%

年份	地区	创新能力		生产能力				NVC		GVC
		$\Delta\hat{\alpha}^s$	$\Delta\hat{\beta}^s$	$\Delta(X^s)^{-1}$	ΔZ^s	Δr^{Zss}	ΔS^V	Δr^Z	$\Delta\sum s^{Zrs}$	Δs^I
2002~2007	东北	5.60	44.58	-19.21	5.71	5.73	11.17	-5.56	-1.84	-0.61
	京津冀	19.88	28.84	-14.16	14.44	-5.58	9.01	5.10	2.25	0.74
	东沿海	-1.30	28.10	-24.22	17.13	4.74	7.35	-7.33	1.32	8.52
	南沿海	-23.73	41.78	-14.75	7.49	0.02	6.77	-2.18	0.82	2.46
	中部	-11.56	31.83	-22.78	19.45	0.77	6.78	-3.28	1.86	-1.69
	西北	-14.06	49.96	-20.63	7.32	-3.44	0.13	1.12	-2.30	-1.05
	西南	-20.92	30.05	-23.78	16.08	0.65	3.02	-5.08	-0.35	-0.07

年份	地区	创新能力		生产能力				NVC		GVC
		$\Delta\hat{\alpha}^s$	$\Delta\hat{\beta}^s$	$\Delta(X^s)^{-1}$	ΔZ^s	Δr^{Zss}	ΔS^V	Δr^Z	$\Delta\sum s^{Zrs}$	Δs^I
2007 ~ 2012	东北	12.00	-14.06	-28.27	30.90	-3.37	-7.70	2.67	0.05	0.98
	京津冀	10.78	-11.68	-32.99	32.08	-2.12	-6.41	1.72	-0.72	-1.49
	东沿海	2.96	-2.66	-40.05	45.37	-1.50	-4.02	2.77	-0.63	0.03
	南沿海	16.55	-12.67	-25.90	32.26	-0.98	-4.21	3.66	-1.01	-2.75
	中部	14.62	-3.78	-32.66	35.09	-1.71	-3.50	3.90	-2.01	2.73
	西北	22.18	-5.86	-29.25	24.47	-2.38	-6.97	-0.93	-3.14	4.83
	西南	14.87	-11.37	-30.44	30.44	-1.67	-4.15	2.90	-1.47	2.70
2002 ~ 2012	东北	10.70	8.96	-39.43	36.60	-1.10	-1.44	-0.07	-1.05	0.64
	京津冀	15.15	11.45	-31.55	30.97	-4.41	1.52	3.78	1.08	-0.10
	东沿海	1.27	7.96	-42.76	43.60	0.59	0.11	-0.77	-0.04	2.90
	南沿海	0.21	13.30	-40.02	41.71	-1.41	0.50	1.64	-0.42	-0.79
	中部	4.76	10.27	-40.25	40.59	-0.84	0.38	1.20	-0.55	1.15
	西北	6.80	16.69	-36.15	28.18	-2.80	-4.44	-0.12	-2.71	2.11
	西南	2.57	5.24	-44.21	40.57	-0.56	-2.45	0.31	-1.95	2.14

研究发现总产出分配影响（$\Delta(X^s)^{-1}$）和中间需求总影响（ΔZ^s）是影响创新能力的主要因素。$\Delta(X^s)^{-1}$展示出负向影响，但是实际上，总产出越多，其倒数越小，所以负向结果和该指数的重要性说明了总产出的快速增长。这是近年来中国经济快速发展的展现。ΔZ^s表现出逐步增长的正向影响，说明了增加国内中间产品的使用提升了创新绩效。本区域中间需求的影响（Δr^{Zss}）和本区域增值能力水平的影响（Δs^V）对于创新绩效的影响很小，但是在研究期内逐步恶化，阻碍了创新绩效的提升。在京津冀地区的情况中，生产能力虽然是除了创新能力外的主要影响因素，但是影响程度与其他地区相比却存在一定差距，且国家价值链的影响程度逐步加深，而全球价值链的影响逐步降低甚至出现负向影响，在研究期间整体呈现 -0.1 的影响。

对于垂直专业化来说，参与全球价值链和国家价值链对于创新绩效的影响并不明显。表 4 - 5 报告了垂直专业化分解出的三类因素的结构。

从表 4 - 5 中可知,沿海地区生产的中间产品是影响国内地区中间产品的主要因素,且影响由正变为负。进口中间产品的影响占据了主导,占比范围在 53.08% ~ 99.18%,其在大部分地区具有正向影响,且除了东部沿海地区外,所有地区占据比例的绝对值均超过了 84%。这说明了进口中间品比国内生产的中间品对于创新绩效的提升更加有效。

表 4 - 5　需求侧各区域中间产品需求结构　　　　单位:%

地区	2002 ~ 2007 年			2007 ~ 2012 年		
	沿海地区	内陆地区	国外	沿海地区	内陆地区	国外
东北	- 16.01	- 3.76	- 80.24	- 0.37	0.50	- 99.13
京津冀	54.65	11.31	34.04	- 0.15	- 7.62	92.23
东沿海	0.54	1.98	97.48	- 39.24	7.67	53.08
南沿海	3.66	0.38	95.96	- 1.79	- 0.42	- 97.79
中部	6.19	- 1.80	- 92.01	- 4.98	0.40	94.62
西北	- 4.65	- 3.55	- 91.81	- 0.31	- 0.59	99.11
西南	0.06	- 0.90	99.04	- 0.74	- 0.09	99.18

(三) 科技创新投入影响的主要结论

第一,京津冀地区装备制造业创新投入水平不及国家平均水平,但产出水平提升较快,且京津冀地区在国内所有区域中是唯一实现 R&D 支出利用率连续增长的地区。说明京津冀地区在 2001 年加入世界贸易组织以后,实现了快速的发展,提高了区域创新产出水平。

第二,从供给侧来看,中间和最终需求引致的 R&D 支出逐渐被出口引致的 R&D 支出所取代;从需求侧来看,中间产品引致的 R&D 支出逐步替代了本区域增值能力引致的 R&D 支出,且进口中间品引致的 R&D 支出份额逐步下降,说明京津冀地区技术水平正在提高,国内的中间产品有替代进口中间产品的趋势。

第三，供给侧的创新绩效分解结果表明，创新能力是影响创新绩效的最主要因素，其中 R&D 支出利用效率逐步成为最主要的影响因素，生产能力中中间产品供给比例对于创新绩效的影响作用最大，沿海地区中间产品供给的重要性逐步提升，沿海地区的国内竞争力也在逐步提高。

第四，需求侧的创新绩效分解结果表明，京津冀地区生产能力正在逐步提高，国内中间产品的使用对创新绩效的正向影响越来越明显。

二、生产性服务业对装备制造业 产业升级的影响分析

（一）装备制造业与生产性服务业双向融合模型

生产性服务业是指为保持工业生产过程的连续性、促进工业技术进步、产业升级和提高生产效率提供保障服务的服务行业。主要包括研发设计与其他技术服务、货物运输仓储和邮政快递服务、信息服务、金融服务、节能与环保服务、生产性租赁服务、商务服务、人力资源管理与培训服务、批发经纪代理服务、生产性支持服务这 10 类服务行业。

随着制造业服务化和服务业生产化，生产性服务业与制造业的界限愈发模糊，由共生互动逐步合二为一。生产性服务业和制造业融合视角下两个产业的升级问题已经成为当前学者们共同关注的热点问题。因此，本节从产业融合的角度构建生产性服务业和装备制造业的双向融合度指标，衡量二者的融合程度；再构建影响力系数和感应力系数指标，衡量二者的互相促进作用。

1. 产业融合度

生产性服务业与装备制造业的产业融合有两种模式：一是由装备制造

107

业主导的，装备制造业融合生产性服务业的模式，装备制造业不只是负责产品的生产，还包括外延的产品服务，如产品的运输、安装、技术支持、售后的维护和修理等，也就是制造业服务化。二是由生产性服务业主导的，生产性服务业融合制造业的模式，生产性服务业会主动地吸收先进的工业技术以及产品，在提供生产性服务业支持的同时，也提供相应的技术设备，也就是服务业工业化。依据以上两种产业融合模式，构建生产性服务业与装备制造业的正向融合度和反向融合度，其中正向融合度（Forward_Integration）指的是由装备制造业主导下的产业融合度，测度公式见式（4-21）；反向融合度（Backward_Integration）指的是由生产性服务业主导下的产业融合度，测度公式见式（4-22）。

$$FI = \frac{Z_{ji}}{X_i} \times 100\% \tag{4-21}$$

$$BI = \frac{Z_{ij}}{X_i} \times 100\% \tag{4-22}$$

其中，FI 表示正向融合度；BI 表示反向融合度；Z_{ji} 表示生产性服务业 j 对装备制造业行业 i 的中间投入；Z_{ij} 表示装备制造业行业 i 对生产性服务业 j 的中间投入；X_i 表示装备制造业行业 i 的总产出。

生产性服务业与装备制造业之间的正向融合度和反向融合度是正反融合力量相互耦合的过程，这两种耦合力量往往不均衡，因此正向融合度和反向融合度在数值上就会出现一定的差异。若正向融合度大于反向融合度，说明两个产业在融合的过程中，生产性服务业对装备制造业的中间投入水平更高，而装备制造业对生产性服务业的中间投入水平较低，表现为生产性服务业在二者融合的过程中占据主导地位，产业融合更多地表现为生产性服务业向装备制造业的渗透。反之，如果正向融合度小于反向融合度，说明装备制造业在产业融合的过程中，对生产性服务业具有更高的中间产品投入水平，因此装备制造业在二者融合过程中更加占据主导地位，装备制造业更多地向生产性服务业渗透。

2. 装备制造业对生产性服务业的影响力系数

影响力系数反映国民经济某一部门增加一个单位最终使用时对国民经

济各部门所产生的生产需求波及程度。其计算公式如下：

$$F_i = \frac{\sum\limits_{i=1}^{n} b_{ji}}{\frac{1}{n}\sum\limits_{i=1}^{n}\sum\limits_{j=1}^{n} b_{ji}}(i = 1,2,\cdots,n) \tag{4-23}$$

其中，$\sum\limits_{i=1} b_{ij}$ 为列昂惕夫逆矩阵的第 i 列之和，表示装备制造业第 i 子行业增加一个单位最终产品时，对生产性服务业各部门产品的完全需要量；$\frac{1}{n}\sum\limits_{i=1}\sum\limits_{j=1} b_{ij}$ 为列昂惕夫逆矩阵的列和的平均值。

当 $F_i > 1$ 时，表示装备制造业第 i 子行业的生产对生产性服务业所产生的波及影响程度超过社会平均影响水平（即各部门所产生波及影响的平均值）；当 $F_i = 1$ 时，表示装备制造业第 i 子行业的生产对生产性服务业所产生的波及影响程度等于社会平均影响水平；当 $F_i < 1$ 时，表示装备制造业第 i 子行业的生产对生产性服务业所产生的波及影响程度低于社会平均影响水平。影响力系数 F_i 越大，表示装备制造业第 i 子行业对生产性服务业的拉动作用越大。

3. 生产性服务业对装备制造业的感应力系数

感应力系数反映国民经济某一部门增加一个单位增加值（初始投入）时对各部门产出的推动程度。其计算公式如下：

$$E_j = \frac{\sum\limits_{i=1}^{n} g_{ji}}{\frac{1}{n}\sum\limits_{i=1}^{n}\sum\limits_{j=1}^{n} g_{ji}}(j = 1,2,\cdots,n) \tag{4-24}$$

其中，$\sum\limits_{i=1} g_{ji}$ 为完全感应系数矩阵的第 j 行之和，反映生产性服务业第 j 子行业增加一个单位增加值（初始投入）时，引起的装备制造业产出增加之和；$\frac{1}{n}\sum\limits_{i=1}\sum\limits_{j=1} g_{ij}$ 为完全感应系数矩阵的行之和的平均值，反映当生产性服务业各子行业均增加一个单位增加值（初始投入）时，引起的对装备制造业产出需求之和的平均值。

当 $E_j > 1$ 时，表示生产性服务业第 j 子行业增加的生产对装备制造业产出的推动作用高于社会平均水平；当 $E_j = 1$ 时，表示生产性服务业第 j 子行业增加的生产对装备制造业产出的推动作用等于社会平均水平；当 $E_j < 1$ 时，表示生产性服务业第 j 子行业增加的生产对装备制造业产出的推动作用低于社会平均水平。

（二）双向融合对装备制造业绩效的影响

1. 数据来源和处理

本节使用的数据主要为 2002 年、2007 年和 2012 年的《中国地区投入产出表》，这是目前能获得的最新数据。该表中的装备制造业与本书的分类一致，因此这里也采用表 3 - 2 中的装备制造业 6 个子行业代码。根据国家统计局生产性服务业分类（2015 年），本节涉及的生产性服务业包括交通运输及仓储业、邮政业、信息传输服务业、批发和零售业、金融业、租赁和商务服务业、研究与试验发展业、综合技术服务业共 8 个子行业，下面分析中分别用 S1 ~ S8 表示。

2. 产业融合度

运用式（4 - 21）和式（4 - 22），计算出京津冀地区装备制造业 6 个子行业和生产性服务业 8 个子行业的正向融合度、反向融合度。

（1）装备制造业与生产性服务业整体融合度。装备制造业 6 个子行业与生产性服务业整体融合度测算结果如图 4 - 5 所示。

从图 4 - 5 中可以看出，装备制造业各子行业与生产性服务业的正向融合度的变化分为两类：一是 A、B 和 D 三个子行业研究期间内正向融合度持续下降；二是 C、E 和 F 三个子行业在 2007 年正向融合度有所提升，随后 2012 年降低至比 2002 年还低的水平。总体上看，京津冀地区装备制造业主导下的制造业服务化程度逐步下降。通过行业间的情况对比可以发现，技术密集型越强的子行业正向融合度越高，说明装备制造业若要向技术密集型行业转型发展就要提升与生产性服务业的互动，实现融合发展。

反向融合度在行业间的差异巨大，各子行业在研究期间均呈现出不同的变化趋势。但是除了 C、E 和 F 3 个技术密集型子行业在个别年份反向融合度水平极高外，其他年份及其他子行业反向融合度水平均较低，说明了京津冀地区装备制造业对生产性服务业的中间投入水平较低。

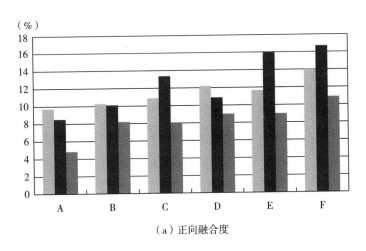

（a）正向融合度

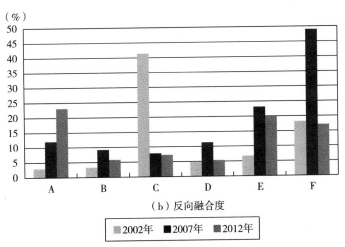

（b）反向融合度

■2002年 ■2007年 ■2012年

图 4 - 5　生产性服务业整体与装备制造业的正、反向融合度

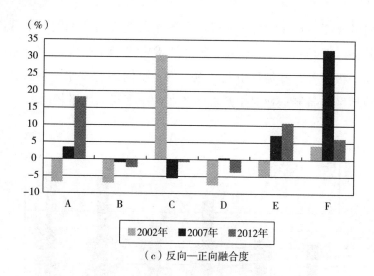

（c）反向—正向融合度

图 4-5　生产性服务业整体与装备制造业的正、反向融合度（续）

注：金属制品业（A）、通用专用设备制造业（B）、交通运输设备制造业（C）、电气机械及器材制造业（D）、通信设备计算机及其他电子设备制造业（E）、仪器仪表制造业（F）。下同。

（2）装备制造业与生产性服务业各子行业的正向融合度。表 4-6 列出了装备制造业与生产性服务业各子行业的正向融合度。

表 4-6　装备制造业与生产性服务业各子行业的正向融合度　单位：%

年份	行业	A	B	C	D	E	F
2002	S1 交通运输及仓储业	**3.75**	**3.25**	**2.61**	**3.72**	**1.83**	**3.47**
	S2 邮政业	0.14	0.20	0.20	0.20	0.26	0.34
	S3 信息传输服务业	0.36	0.58	0.55	0.61	1.23	1.07
	S4 批发和零售业	**3.33**	**3.36**	**3.33**	**3.00**	**2.63**	**4.39**
	S5 金融业	1.11	1.10	2.12	2.02	0.84	1.43
	S6 租赁和商务服务业	0.86	1.32	1.43	2.18	3.89	2.66
	S7 研究与试验发展业	0.02	0.02	0.02	0.03	0.03	0.04
	S8 综合技术服务业	0.17	0.44	0.62	0.46	0.95	0.61

年份	行业	A	B	C	D	E	F
2007	S1 交通运输及仓储业	**4.72**	**3.96**	**6.63**	**3.88**	**4.96**	**4.74**
	S2 邮政业	0.01	0.02	0.01	0.02	0.01	0.02
	S3 信息传输服务业	0.13	0.26	0.12	0.20	0.19	0.36
	S4 批发和零售业	**2.75**	**3.62**	**4.34**	**4.23**	**7.98**	**6.73**
	S5 金融业	0.49	0.73	0.62	0.87	0.58	0.53
	S6 租赁和商务服务业	0.23	0.84	0.64	1.05	1.73	3.12
	S7 研究与试验发展业	0.08	0.29	0.36	0.31	0.29	0.74
	S8 综合技术服务业	0.11	0.37	0.64	0.34	0.22	0.46
2012	S1 交通运输及仓储业	0.05	0.11	0.08	0.03	0.20	0.05
	S2 邮政业	0.28	0.05	0.09	0.03	0.06	0.13
	S3 信息传输服务业	**1.74**	**3.57**	**3.56**	**5.66**	**5.11**	**6.99**
	S4 批发和零售业	**1.91**	**2.66**	**2.31**	**1.81**	**2.34**	**1.43**
	S5 金融业	0.12	0.25	0.22	0.04	0.10	0.22
	S6 租赁和商务服务业	0.06	0.06	0.15	0.05	0.07	0.05
	S7 研究与试验发展业	0.30	1.19	0.86	0.74	0.83	1.71
	S8 综合技术服务业	0.38	0.31	0.71	0.67	0.30	0.30

　　从表4－6可以看出，在不同年份，京津冀地区装备制造业与生产性服务业各子行业的正向融合度情况不一。在2002年和2007年，交通运输及仓储业（S1）、批发和零售业（S4）对装备制造业各子行业都有较高水平的中间品投入，且正向融合度有所提升，但是两个生产性服务业子行业在2012年对装备制造业各子行业的中间投入均大幅度下降，尤其是交通运输及仓储业（S1）。信息传输服务业（S3）在2012年对装备制造业各子行业的中间投入较2002年和2007年有较大幅度的提升。在"互联网＋"背景下，传统产业要在"互联网＋产业"的模式下提高信息化水平，推动产业转型升级。随着信息传输服务业与装备制造业正向融合度的逐步提高，信息传输服务业的作用开始凸显。

　　（3）装备制造业与生产性服务业各子行业的反向融合度。表4－7列出了装备制造业与生产性服务业各子行业的反向融合度。

表4-7 装备制造业与生产性服务业各子行业的反向融合度 单位:%

年份	行业	S1	S2	S3	S4	S5	S6	S7	S8
2002	A	0.67	0.01	0.17	1.25	0.46	0.32	0.01	0.07
	B	0.83	0.08	0.12	0.46	0.93	0.20	0.01	0.67
	C	**22.33**	0.14	0.14	**17.56**	0.70	0.45	0.01	0.07
	D	0.72	0.02	1.65	1.12	0.49	0.45	0.00	0.30
	E	0.25	0.04	5.40	0.36	0.17	0.36	0.01	0.13
	F	**2.44**	0.18	**5.26**	2.02	**4.00**	1.86	0.07	2.35
2007	A	1.72	0.03	0.31	0.07	0.25	2.37	2.05	**5.17**
	B	0.51	0.03	0.17	0.06	0.20	0.12	1.11	**6.98**
	C	**5.71**	0.07	0.37	1.05	0.21	0.21	0.04	0.18
	D	0.64	0.08	2.17	0.61	0.13	3.49	0.14	4.09
	E	0.34	0.02	**17.42**	0.37	0.20	1.64	0.49	2.67
	F	0.61	0.04	**12.65**	0.15	1.81	1.49	4.98	**27.26**
2012	A	0.08	**14.10**	0.13	2.03	0.05	0.20	1.47	**5.04**
	B	0.17	1.79	0.08	1.58	0.11	0.15	0.38	1.56
	C	0.07	2.51	0.00	0.52	0.01	0.10	0.86	3.20
	D	0.00	0.08	0.47	4.20	0.02	0.03	0.47	0.08
	E	0.00	**10.93**	0.87	0.56	1.98	0.25	1.39	3.83
	F	0.00	0.44	1.00	0.29	**12.65**	0.12	0.47	2.17

从表4-7中可以看出,装备制造业各子行业对生产性服务业各子行业的中间投入在行业间和不同年份均有悬殊的差别。例如,交通运输设备制造业(C)在2002年对交通运输及仓储业(S1)、批发和零售业(S4)有非常高的中间投入,这是由于交通运输设备制造业(C)与两个生产性服务业是直接的上下游产业。但是随着时间的推移,交通运输设备制造业(C)对S1和S4两个生产性服务业的投入水平迅速下降,结合第三章双重价值链地位分析可以猜测,由于C行业在全球价值链中地位较低,国内生

产性服务业开始转向进口中间品，导致国内中间品的投入水平迅速下降。

绝大多数装备制造业子行业对生产性服务业的中间投入水平都极低，与表4-6的情况对比来看，说明京津冀地区装备制造业与生产性服务业发展并不均衡，装备制造业的发展水平滞后于生产性服务业，无法满足生产性服务业的要求，生产性服务业反而对装备制造业有一定的带动作用。

3. 装备制造业对生产性服务业的影响力系数

表4-8列出了2002年、2007年和2012年京津冀地区装备制造业各子行业对生产性服务业的影响力系数。

表4-8　装备制造业对生产性服务业的影响力系数

年份	A	B	C	D	E	F
2002	1.276	1.239	1.301	1.358	1.362	1.365
2007	1.172	1.112	1.295	1.187	1.352	1.260
2012	0.774	0.829	0.810	0.792	0.885	0.950

从表4-8中可以看出，京津冀地区所有装备制造业子行业在研究期间的3个年份中，对于生产性服务业的影响力系数均在下降，表明京津冀地区装备制造业各个子行业的生产对生产性服务业的波及程度在下降。这说明京津冀地区装备制造业的发展水平还不足以对生产性服务业产生较大的影响，与前一节的反向融合度水平低于正向融合度的水平的结果类似，也说明了京津冀地区装备制造业的发展落后于生产性服务业的发展。

4. 生产性服务业对装备制造业的感应力系数

表4-9列出了2002年、2007年和2012年京津冀地区生产性服务业各子行业对装备制造业的感应力系数。本书按照研究期间指标的变化进行了分类排列。

从表4-9中可以看出，交通运输及仓储业（S1）、研究与试验发展业（S7）两个生产性服务业对装备制造业的推动作用逐步增加，其中交通运输及仓储业（S1）的影响增加最快；信息传输服务业（S3）对装备制造业的推动作用先小幅降低，随后大幅增加；批发和零售业（S4）、金融业（S5）、租赁和商务服务业（S6）3 个生产性服务业对装备制造业的推动作用先小幅增加，随后大幅降低；邮政业（S2）和综合技术服务业（S8）两个生产性服务业对装备制造业的推动作用逐年大幅度降低。

表 4 - 9   生产性服务业对装备制造业的感应力系数

生产性服务业	2002 年	2007 年	2012 年	2002~2007 年	2007~2012 年
S1 交通运输及仓储业	1.326	2.861	4.686	+	+
S7 研究与试验发展业	0.992	1.733	1.841	+	+
S3 信息传输服务业	0.723	0.605	1.830	−	+
S4 批发和零售业	0.930	2.580	1.315	+	−
S5 金融业	1.538	1.734	0.498	+	−
S6 租赁和商务服务业	2.115	2.933	0.364	+	−
S2 邮政业	2.148	0.516	0.047	−	−
S8 综合技术服务业	4.258	0.384	0.292	−	−

以上变化表明，交通运输及仓储业、研究与试验发展业和信息传输服务业对于京津冀地区装备制造业的发展是有推动作用的，这能够体现出近年来"创新驱动"战略、"大智移云"、信息产业与制造业融合发展等方面的成效。而大部分生产性服务业对装备制造业的推动作用严重下降，这可能是由于装备制造业本身的技术水平、转型升级等方面的问题，无法与生产性服务业实现匹配和互动发展。

（三）生产性服务业影响的主要结论

第一，京津冀地区装备制造业主导下的制造业服务化程度逐步下降，技术密集型越强的子行业，正向融合度越高；反向融合度在子行业间差距悬殊，总体上京津冀地区装备制造业对生产性服务业的中间投入水平较低。

第二，交通运输及仓储业、批发和零售业以及信息传输服务业对京津冀地区装备制造业各子行业都有较高水平的中间产品投入。装备制造业各子行业与其最相关的生产性服务业有一定程度的反向融合度，如交通运输设备制造业和交通运输及仓储业、批发和零售业的反向融合度非常高。

第三，京津冀地区装备制造业与生产性服务业的正反向融合度并不协调，制造业服务化的程度要强于服务业工业化的程度。

第四，装备制造业对生产性服务业的影响力系数逐步下降，说明京津冀地区装备制造业的发展水平不足以对生产性服务业产生较大的影响。

第五，在生产性服务业对装备制造业的感应力系数中，交通运输及仓储业、研究与试验发展业两个生产性服务业对装备制造业有较大幅度的正向推动作用，其余生产性服务业的作用呈波动变化。

三、IFDI和OFDI对装备制造业
产业升级的影响分析

（一）实证模型构建

根据第二章的理论分析，IFDI 和 OFDI 对产业升级具有短期和长期的影响，加之前一期的 IFDI 和 OFDI 情况很可能影响到本期的情况。因此，本节选用能够衡量短期和长期影响、考虑变量自回归影响的向量自回归（VAR）模型分析 IFDI 和 OFDI 对京津冀地区装备制造业产业升级的影响。

1. 被解释变量的选取

关于装备制造业产业升级的衡量指标有很多，在全球价值链的相关研究中，有些学者运用出口复杂度指数、Koopman 等提出的 GVC 地位指数等作为衡量产业升级的变量，但是由于这些变量的计算以投入产出表为依托，在全球价值链研究中可以应用 1995~2014 年的世界投入产出表数据进行计算。本书不光关注全球价值链，更关注国内区域间产品流通构成的国家价值链以及国家价值链和全球价值链的联系，中国虽然编制了区域间投入产出表，但是以5年为编制年限，没有连续的数据，因此无法应用上述指标来度量京津冀地区装备制造业在国家价值链中的升级指标。

本节借鉴马红旗（2012）的测算指标，运用装备制造业子行业的增加值率（工业增加值/工业总产值）来衡量各子行业在双重价值链中的升级程度，用VA表示。随着双重价值链中分工的不断深化和细化，增加值率能够较好地衡量出各子行业创造价值的程度，增加值率指标越高，说明在双重价值链中位于高附加值环节的可能性就越大，越有可能实现产业升级。

2. 计量模型构建

通过第二章产业升级影响因素的分析可以发现，IFDI和OFDI都是装备制造业产业升级的重要驱动力。那么京津冀地区装备制造业的IFDI和OFDI会对产业升级产生怎样的影响？为了验证这一问题，构建如下计量模型：

$$\ln VA_{it} = \alpha_i + \beta_1 \ln IFDI_{it} + \beta_2 \ln OFDI_{it} + \mu_{it} \qquad (4-25)$$

其中，变量的下标 i 和 t 分别代表子行业和年份，变量 VA_{it} 代表京津冀地区装备制造业子行业 i 在 t 时期的增加值率；为了保持模型中变量之间的可比性，变量 $IFDI$ 和 $OFDI$ 分别代表京津冀地区装备制造业子行业 i 在 t 时期 IFDI 和 OFDI 占 GDP 的比率。

3. VAR 模型原理

传统的计量经济方法是以经济理论为基础描述变量关系的模型。遗憾的是，经济理论通常并不足以对变量之间的动态联系提供一个严密的说明，而且内生变量既可以出现在方程的左端，又可以出现在方程的右端，使得估计和推断变得更加复杂。为了解决这些问题，出现了一种用非结构性方法来建立各变量之间关系的模型。

向量自回归（Vector Auto - Regression，VAR）是基于数据的统计性质建立模型，VAR模型把系统中每一个内生变量作为系统中所有内生变量的滞后值来构造模型，从而将单变量自回归模型推广到多元时间序列组成的"向量"自回归模型。

VAR 模型一般表示为：

$$Y_t = A_1 Y_{t-1} + A_2 Y_{t-2} + \cdots + A_p Y_{t-p} + BX_t + \mu_t \qquad (4-26)$$

其中，Y_t 为 k 维内生变量向量；X_t 为 d 维外生变量向量；μ_t 为 k 维误差向量，$k \times k$ 维矩阵 A_1，A_2，$\cdots$，A_p 和 $k \times d$ 维矩阵 B 是待估系数矩阵，μ_t 是 k 维扰动向量，它们之间可以同期相关，但不与自己的滞后项相关，即不与等式右边的变量相关。

即 μ_t 是白噪声序列，满足：

$$E\mu_t = 0$$

$$E\mu_t \mu'_\tau = \begin{cases} \sum, & t = \tau \\ 0, & t \neq \tau \end{cases} \qquad (4-27)$$

μ_t 与 Y_{t-1}，$\cdots$，Y_{t-p}，X_t 不相关。

VAR 模型必须是稳定的，这样系统估计的结果才有效。其稳定条件是：特征方程 $|A - \lambda I| = 0$ 的根都落在单位圆以内。

（二）IFDI 和 OFDI 影响的实证结果分析

1. 数据来源和处理

本节分析使用的 IFDI 数据来自 2004～2016 年的《中国工业经济统计年鉴》，OFDI 数据来自 2004～2016 年的《中国对外直接投资统计公报》，由于单位是万美元，运用 2004～2016 年人民币兑美元汇率将其调整为人民币价格，GDP 数据来自 2004～2016 年的《中国统计年鉴》、工业总产值、工业增加值数据来自 2004～2016 年北京、天津和河北年鉴。由于 OF-DI 数据仅包括分地区数据，本书按照装备制造业各子行业总产出占全国比例，将京津冀地区数据折算到装备制造业各子行业中。

2. 时间序列变量的平稳性检验

为了避免时间序列可能存在的伪回归，要求模型中的变量具有平稳性。表 4 - 10 列出了模型中变量的单位根检验结果，可以看出，lnVA 和

ln*IFDI* 是平稳序列，Δln*OFDI* 是一阶单整，可以继续做下一步分析。

表 4 – 10   变量的单位根检验结果

变量	检验形式	ADF 值	1% 临界值	5% 临界值	P 值	结论
ln*VA*	(c, 0, 0)	-3.48	-4.00	-3.09	0.026 **	平稳
ln*IFDI*	(c, 0, 2)	-9.98	-4.12	-3.14	0.000 ***	平稳
ln*OFDI*	(c, t, 2)	-1.25	-4.80	-3.79	0.856	不平稳
Δln*OFDI*	(c, 0, 0)	-3.13	-4.06	-3.11	0.049 **	平稳

注：检验形式中 c 代表截距，t 代表时间趋势，2 代表滞后阶数，＊＊、＊＊＊分别表示在 5%、1% 的水平上显著。

3. VAR 模型确定

VAR 模型把系统中每一个内生变量作为系统中所有变量的滞后值的函数来构造模型。本节以京津冀地区装备制造业增加值比率（ln*VA*）作为因变量，以外商直接投资（ln*IFDI*）、对外直接投资（Δln*OFDI*）作为自变量建立 VAR 模型，根据 AIC 和 SC 准则，确定最优滞后期为 1。

$$\ln VA = 0.836791\ln VA(-1) - 0.3030043\Delta\ln OFDI(-1) +$$
$$0.139884\ln IFDI(-1) + 0.508090 \qquad (4-28)$$

方程的拟合优度 $\overline{R}^2 = 0.995$，F = 760.64，AIC = -3.19，SC = -3.02，说明了估计方程的总体拟合度效果较好。另外，图 4 – 6 列出了该 VAR 模型的所有特征根及特征根的模，特征根的模均小于 1，位于单位圆内，说明估计的 VAR 模型满足稳定性条件。

4. 脉冲响应

脉冲响应函数描述的是 VAR 模型中的每一个内生变量的冲击对自身与其他内生变量带来的影响，随着时间的推移，观察模型中的各变量对于冲击的响应。

根据图 4 – 7 可以发现，当给外商直接投资（ln*IFDI*）一个冲击后，会带来京津冀地区装备制造业增加值比率（ln*VA*）的线性正向波动，说明这一冲击对京津冀地区装备制造业增加值比率（lnVA）产生非常明显的正向促进作用和长期持续效应。

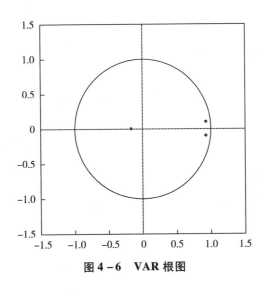

图 4 - 6　VAR 根图

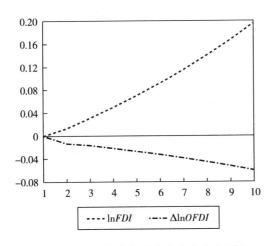

图 4 - 7　京津冀装备制造业脉冲响应结果

当给对外直接投资（$\Delta\ln IFDI$）一个冲击后，会带来京津冀地区装备制造业增加值比率（lnVA）的线性负向波动，说明这一冲击对京津冀地区装备制造业增加值比率(lnVA)产生明显的负向抑制作用和长期持续效应。

5. 协整检验

为了确定变量之间是否存在协整关系，本书采用 Jonansen 检验来确定变量间的协整关系。经检验确定增加值比率（lnVA)序列滞后阶数为 0，存在截距，无时间趋势项。协整检验结果如表 4 – 11 所示。

表 4 – 11　变量之间协整检验结果

原假设	特征值	迹统计量	5%临界值	P 值	协整关系个数
None*	0.792515	33.90057	29.79707	0.0159	
At most 1	0.593158	13.45553	15.49471	0.0991	1
At most 2	0.126905	1.764238	3.841466	0.1841	

注：*表示在5%的显著水平上拒绝原假设。

根据表 4 – 11，迹检验和最大特征根检验结果均显示变量之间存在 1 个协整关系，说明京津冀地区装备制造业增加值比率(lnVA)与外商直接投资(lnIFDI)和对外直接投资(lnOFDI)之间存在长期稳定的均衡关系。其标准化的协整方程如下：

$$\ln VA = 0.298740 \ln IFDI(-1) + 0.076270 \ln OFDI(-1) + 0.135137$$

$$(4-29)$$

长期来看，外商直接投资(lnIFDI)和对外直接投资(lnOFDI)对增加值比率(lnVA)具有促进作用，且外商直接投资(lnIFDI)的促进效应大于对外直接投资(lnOFDI)。外商直接投资(lnIFDI)对增加值比率(lnVA)弹性为 0.299，即外商直接投资(lnIFDI)每增加 1%，增加值比率(lnVA)提升 0.299%。对外直接投资(lnOFDI)对增加值比率(lnVA)弹性为 0.076。

6. 向量误差修正模型

协整分析主要是分析变量间的长期协整关系，但是在短期，变量如果偏离均衡，向量误差修正模型（VECM）能够反映如何将变量关系调整回长期均衡状态。

通过协整检验，得知增加值比率（lnVA）与外商直接投资（lnIFDI）和对外直接投资（ΔlnOFDI）存在一个长期协整关系。进一步估计 VECM 的模型如下：

$$DlnVA = -1.014999ECM(-1) + 0.440846DlnVA(-1) - 0.199501$$
$$DlnIFDI(-1) - 0.035667DlnOFDI(-1) - 0.007653$$

$$(4-30)$$

其中，$ECM(-1) = lnVA - 0.298740lnIFDI(-1) - 0.076270lnOFDI(-1) - 0.135137$，方程的拟合优度 $\overline{R}^2 = 0.661$，F = 6.85，AIC = -4.34，SC = -4.12。

上述结果显示，当短期波动偏离长期均衡时，增加值比率（lnVA）将在下一期做出调整，使得增加值比率（lnVA）与外商直接投资（lnIFDI）和对外直接投资（lnOFDI）恢复长期均衡关系。上一期误差对本期的修正速度为 -1.015，说明增加值比率（lnVA）的调整速度较快，隔期数值起伏较大。VECM 方程中各变量差分项系数反映了短期波动的影响。从中可以发现，外商直接投资（lnIFDI）和对外直接投资（lnOFDI）在短期内均对增加值比率（lnVA）有负向影响，且外商直接投资（lnIFDI）的影响效应更大。

（三）IFDI 和 OFDI 影响的主要结论

第一，在短期内，IFDI 对京津冀地区装备制造业的产业升级会产生明显的正向促进作用和持续效应，而 OFDI 对京津冀地区装备制造业的产业升级会产生负向抑制作用和持续效应。

第二，IFDI 和 OFDI 与京津冀地区装备制造业产业升级之间具有长期稳定的均衡关系，在长期内，IFDI 和 OFDI 都会促进京津冀地区装备制造业产业升级，且 IFDI 的促进作用更加明显。

第五章

双重价值链下京津冀装备制造业产业升级的路径甄别

自施振荣 1992 年提出微笑曲线概念以来，该理论被广泛地应用于企业与产业的分析中。在双重价值链背景下，价值链微笑曲线是衡量产品生产环节附加值及利润的概念模型，对产业升级方向具有一定的基础性指导。但是对于不同产业来说，产业升级的路径没有绝对性和唯一性。根据权变理论，唯一的、普适的战略并不存在。对应到价值链微笑曲线中，不同的行业对应的微笑曲线的微笑程度不同。因此，本章首先设计出理论框架下的价值链产业升级路径，再运用广义增加值平均传递步长方法，在双重价值链中测度出京津冀地区装备制造业各子行业的价值链微笑曲线形态，最后将京津冀地区装备制造业子行业与不同的价值链产业升级路径进行匹配，寻求最适宜的产业升级路径。

一、装备制造业产业升级路径概念框架

Gereffi（1999）认为，产业升级是一个经济体迈向更具获利能力的资本和技术密集型经济领域的能力的过程。Humphrey 和 Schmitz 等针对全球

价值链中产业升级设计了工艺流程升级、产品升级、功能升级和链条升级4种升级模式。毛蕴诗和郑志奇（2012）根据资源基础理论和权变理论，在整合微笑曲线相关研究的基础上，提出了基于微笑曲线的10条企业升级路径，并给出了相应的微笑曲线变化形态。随后选取了珠三角的一些企业进行调研，加上产品升级和功能升级，提出了12条企业升级路径的测量量表，经过验证，最终保留了8条路径，删除了4条路径。

产业升级是企业升级的一种宏观形式，企业升级路径的思想同样可以运用到产业升级中。因此，结合Humphrey和毛蕴诗等的相关研究，并结合第三章、第四章中京津冀地区装备制造业发展实际状况，在双重价值链体系下构建京津冀地区装备制造业工艺流程升级、产品升级、功能升级和链条升级4个产业升级方向，共包含5条升级路径。

（一）工艺流程升级路径

在结合微笑曲线提出产业升级的研究中，大部分研究都将关注点放在附加值较高的研发环节和服务环节，也就是微笑曲线的两端。对于中间的制造环节关注较少，甚至有学者在设计产业升级路径时提出完全去制造化的路径。但是，产业转型升级不仅体现在要获取更多的附加值及提高获得的利润，如何提高产业的投入产出比同样重要。除了向微笑曲线两端发展，提升产业的制造能力，促进工艺创新、流程创新，提高投入资本和劳动的利用效率、降低生产成本同样可以提升产业获得的附加值和利润。在这种产业升级模式下，微笑曲线形态如图5-1所示。

图5-1（a）的纵轴表示产业生产成本、图5-1（b）的纵轴表示价值链中的附加值。当产业实施了生产工艺、生产流程的升级，产品原材料的节约，劳动力效率的提升等措施后，生产成本得到了控制和降低，导致图5-1（a）的成本微笑曲线弧度加深，微笑曲线制造环节成本下移，由实线微笑曲线逐步变为虚线微笑曲线；与此同时，在其他条件不变的前提下，降低了生产成本，产业在制造环节获取的附加值有所提升，导致图5-1（b）中附加值微笑曲线在制造环节上移，微笑弧度变得平缓。

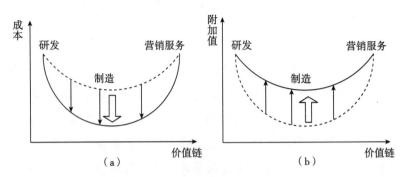

图 5 - 1　工艺流程升级价值链微笑曲线

（二）产品升级路径

20 世纪 90 年代以来，电子通信技术和计算机技术迅猛发展，模糊了产业之间的边界，许多产业实现与电子信息产业的跨产业融合。我国于 2015 年提出"互联网＋"的发展模式，希望通过信息技术实现产业的跨越式发展。苹果公司是全球价值链中通过创造新产品，实现跨产业升级的典范。其苹果手机跨越了传统的通信行业，延伸至 IT、文化、娱乐、金融等众多行业中。

这种产业升级模式不但适用于传统产业与互联网产业，也同样适用于传统产业与其他新兴产业。能够带来价值的增长，也能够实现产业结构的升级，促进了产业产品的多元化，拓宽产品范围甚至可能开创新的市场。在这种产业升级模式下，微笑曲线形态如图 5 - 2 所示。

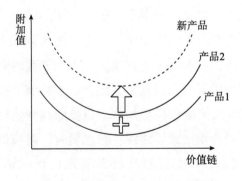

图 5 - 2　跨产业升级的价值链微笑曲线

（三）功能升级路径

根据第三章京津冀地区双重价值链地位的分析结果，以及第四章创新绩效的影响因素分析的结果可知，京津冀地区在全球价值链中地位较低主要是由于过度依赖进口中间产品，也就是在微笑曲线的研发端受制于发达国家的技术，从而导致国家价值链依附于全球价值链存在；而在营销服务端，由于加工贸易仍是京津冀地区参与全球价值链的主要模式，代工贴牌生产的产品在营销服务端，主要由发达国家掌握品牌和市场，京津冀地区在全球价值链中仍无主动权和领导权，在国家价值链中的市场也是依附于国外代工的需求，并且对中西部欠发达地区产生了一定的挤出效应，抑制了相对独立的国家价值链的形成，因此，京津冀地区装备制造业实现双重价值链中的产业升级，就要依靠向微笑曲线的研发端和服务端的升级，提升附加值和获取的利润。

1. 研发端升级路径

由于京津冀地区装备制造业对于进口的包含复杂技术的中间产品存在过度的依赖，那么突破这些关键零部件的技术壁垒与发达国家和跨国公司的技术封锁就成为了装备制造业在价值链中一条重要的升级路径。通过技术创新、技术积累与技术溢出等方式，突破装备制造业产品生产中的材料、关键零部件的技术和产品研制的障碍，实现微笑曲线左端——研发端附加值提升。在这种产业升级模式下，微笑曲线形态如图 5-3 所示。

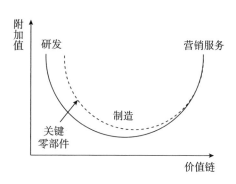

图 5-3　研发环节升级价值链微笑曲线

2. 营销服务端升级路径

根据第四章的研究，生产性服务业对于京津冀地区装备制造业具有很强的推动作用，借助生产性服务业与装备制造业之间的互动关系，加大装备制造业对生产性服务业的投入与延伸，实现微笑曲线右端——营销服务端附加值的提升。在这种产业升级模式下，微笑曲线形态如图5 - 4所示。

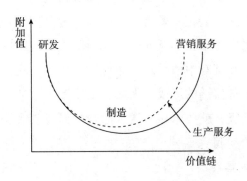

图 5 - 4　营销服务环节升级价值链微笑曲线

（四）链条升级路径

已有学者从理论的视角分析认为，在双重价值链体系下产业集群升级是培育核心竞争力，促进产业转型升级的有效途径（张益丰，2010；符瑛，2016）。产业集群能够为集群内的企业自主创新、完善产业链条创造平台。通过战略联盟和产业集群内的竞合关系实现大企业带动小企业，推动产业集群实现整体升级。在这种产业升级模式下，微笑曲线形态如图5 -5所示。

由于产业集群内的企业存在相互依赖和相互协调的关系，产业集群在产业链中的附加值位于各个企业微笑曲线的最高处，并与集群内各企业微笑曲线相切。而产业集群在产业链中的成本微笑曲线位于各个企业微笑曲线的最低处，并与集群内各企业微笑曲线相切。这一路径的价值链微笑曲线的变化是凭借产业集群的平台，实现集群内企业附加值最高水平、成本最低水平，进而促进了集群内所有企业的整体升级。

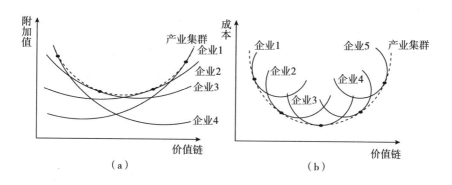

图 5 - 5 产业集群升级的价值链微笑曲线

二、京津冀装备制造业价值链微笑曲线形态甄别

对于不同企业来说，升级路径的选择是没有唯一性和绝对性的。权变理论认为，唯一的、普遍适用的战略并不存在，组织要根据特定的环境选择最符合的组织结构（Lawrence & Lorsch，1986）。装备制造业 8 个子行业之间存在技术水平、发展程度和双重价值链地位和参与度等多方面的异质性。因此，本节分别针对装备制造业各个子行业的价值链微笑曲线形态进行识别，并分别识别出其价值链升级的适宜路径。

（一）封闭经济体中增加值产生过程

在一国投入产出表中，投入产出平衡方程为：

$$X = AX + Y \qquad\qquad (5-1)$$

其中，X 为 $N \times 1$ 阶总产出向量，Y 为 $N \times 1$ 阶最终产品向量，A 为 $N \times N$ 阶直接消耗系数矩阵。所有的总产出均会被以中间产品或者最终需求的形式消费。通过变换可以获得如下公式：

$$X = (I - A)^{-1} Y = BY \qquad (5-2)$$

其中，B 为 $N \times N$ 阶完全需要系数矩阵，也就是熟知的列昂惕夫逆矩阵。它表示了增加一个单位的最终需求，需要的总产出的数量。另外，根据定义还可以将 B 矩阵写为：

$$B = I + A + A^2 + A^3 + \cdots \qquad (5-3)$$

式（5-2）可以用式（5-3）改写，展示出产品生产的环节。从 0 阶段开始，生产最终产品 Y，然后在第一轮生产循环过程中，投入外部中间产品 AY；在第二轮生产过程中，要继续追加投入 $A^2 Y$ 的外部中间产品，依次类推。因此总产出 X 的生产循环经历了最初的最终需求 Y 的生产、AY 的直接投入以及 $(A^2 + A^3 + \cdots)Y$ 的间接投入。

在投入产出表中，定义 V 为 $1 \times N$ 阶直接增加值系数向量。向量中的每一个元素表示总产出中的直接增加值份额为：

$$v_j = \frac{va_j}{x_j} = 1 - \sum_i^n a_{ij} \qquad (5-4)$$

其中，va_j 是 j 行业的直接增加值。

可以将总增加值系数矩阵（VB）写为如下形式：

$$VB = \begin{bmatrix} v_1 & v_2 & \cdots & v_n \end{bmatrix} \begin{bmatrix} b_{11} & b_{12} & \cdots & b_{1n} \\ b_{21} & b_{22} & \cdots & b_{2n} \\ \vdots & \vdots & \ddots & \vdots \\ b_{n1} & b_{n2} & \cdots & b_{nn} \end{bmatrix} = \begin{bmatrix} v_1 b_{11} + v_2 b_{21} + \cdots + v_n b_{n1} \\ v_1 b_{12} + v_2 b_{22} + \cdots + v_n b_{n2} \\ \vdots \\ v_1 b_{1n} + v_2 b_{2n} + \cdots + v_n b_{nn} \end{bmatrix}^T$$

$$\qquad (5-5)$$

根据 Koopman（2014），式（5-5）最后一项中的每一个元素均等于 1。因此，本书将行业层的增加值和最终需求产品生产过程进行如下分解：

$$\hat{V}B\hat{Y} = \begin{bmatrix} v_1 & 0 & \cdots & 0 \\ 0 & v_2 & \cdots & 0 \\ \vdots & \vdots & \ddots & \vdots \\ 0 & 0 & \cdots & v_n \end{bmatrix} \begin{bmatrix} b_{11} & b_{12} & \cdots & b_{1n} \\ b_{21} & b_{22} & \cdots & b_{2n} \\ \vdots & \vdots & \ddots & \vdots \\ b_{n1} & b_{n2} & \cdots & b_{nn} \end{bmatrix} \begin{bmatrix} y_1 & 0 & \cdots & 0 \\ 0 & y_2 & \cdots & 0 \\ \vdots & \vdots & \ddots & \vdots \\ 0 & 0 & \cdots & y_n \end{bmatrix}$$

$$= \begin{bmatrix} v_1 b_{11} y_1 & v_2 b_{21} y_2 & \cdots & v_n b_{n1} y_n \\ v_1 b_{12} y_1 & v_2 b_{22} y_2 & \cdots & v_n b_{n2} y_n \\ \vdots & \vdots & \ddots & \vdots \\ v_1 b_{1n} y_1 & v_2 b_{2n} y_2 & \cdots & v_n b_{nn} y_n \end{bmatrix} \qquad (5-6)$$

式（5-6）中展示了最终产品中的行业层面的增加值估计。矩阵中的每一个元素表示最终产品生产过程中直接或者间接使用的一个特定行业的增加值。在该矩阵中，沿着行方向表示一个特定行业产生的增加值在不同行业中的使用情况。因此，将第 i 行的元素相加就得到了第 i 行业产生的生产总值，也就是第 i 行业的 GDP。运用公式可以表示为：

$$v_i(b_{i1}y_1 + b_{i2}y_2 + \cdots + b_{in}y_n) = va_i = GDP_i \qquad (5-7)$$

同时，式（5-6）中矩阵沿着列方向将各元素相加，得到所有行业的增加值对特定的 j 行业最终产品的贡献和：

$$v_1 b_{1j} y_j + v_2 b_{2j} y_j + \cdots + v_n b_{nj} y_j = y_j \qquad (5-8)$$

以上两种分解增加值和最终产品生产过程增加值的方法在经济分析中具有独特的意义。$\hat{V}B\hat{Y}$ 矩阵沿着行方向衡量了在某一特定行业的增加值如何被其本行业及下游行业使用，追溯了供给侧视角下下游行业的前向产业联系；而 $\hat{V}B\hat{Y}$ 矩阵沿着列方向衡量了某种特定最终产品如何使用来自其他上游行业的增加值，追溯了需求侧视角下上游行业的后向产业联系。根据式（5-5），所有这些来源的增加值加总应该等于该行业的最终产品价值。

（二）封闭经济体中增加值传递过程

进一步定义封闭经济体中从生产者到消费者的增加值传递步长。式

（5-7）和式（5-8）已经说明了在一个经济体中，增加值如何在产业间实现前向和后向的传递。这两种关系可以进一步被表示为：

$$\frac{v_i}{va_i}(b_{i1}y_1 + b_{i2}y_2 + \cdots + b_{in}y_n) = 1 \qquad (5-9)$$

$$v_1 b_{1j} + v_2 b_{2j} + \cdots + v_n b_{nj} = 1 \qquad (5-10)$$

将式（5-9）和式（5-10）改写为矩阵形式，可以得到：

$$\hat{V}BY/VA = \hat{V}(I + A^2 + A^3 + \cdots)Y/VA = u \qquad (5-11)$$

$$VB = V(I + A^2 + A^3 + \cdots) = u^T \qquad (5-12)$$

其中，u 表示 $N \times 1$ 阶单位向量，VA 表示 $1 \times N$ 增加值向量。定义"/"为元素级别的矩阵间除法符号。

在式（5-11）中，第一项 $\hat{V}BY/VA$ 表示产业间前向联系中，第0阶段生产中被所有最终产品吸收的增加值份额；第二项 $\hat{V}AY/VA^T$ 表示产业间前向联系中，第一阶段生产中被所有最终产品吸收的增加值份额，以此类推。同样地，在式（5-12）中，第一项 VB 表示在行业间的后向联系中，第一阶段的生产过程中对某一产品一单位最终需求而引致的国家增加值的增加份额，依次类推。

（三）增加值—位置测度指标构建

1. 增加值平均传递步长

根据式（5-11）和式（5-12），结合平均传递步长（Average Propagation Length，APL）和上游度（Upstreamness）的概念，通过增加值平均传递步长衡量的行业间前向、后向联系可以定义为如下公式：

$$
\begin{aligned}
Forward &= \hat{V}(1I + 2A + 3A^2 + \cdots)Y/VA \\
&= \hat{V}(0I + 1A + 2A^2 + \cdots)Y/VA + u \\
&= \hat{V}B^2 Y = \hat{V}(B^2 - B)Y/VA + u
\end{aligned}
\qquad (5-13)
$$

$$
\begin{aligned}
Backward &= V(1I + 2A + 3A^2 + \cdots) \\
&= V(0I + 1A + 2A^2 + \cdots) + u^T \\
&= VB^2 = V(B^2 - B) + u^T
\end{aligned}
\qquad (5-14)
$$

Forward 指标衡量了一个特定行业产生的增加值通过行业间前向联系到达所有最终使用者的平均步长。它可以表示一个特定行业到消费者的距离。Forward 数值越大，表示这个行业需要经过更多的下游行业才能到达消费者，表明该行业位于价值链的位置越高，越靠近上游。反过来，Forward 数值越小，说明该行业越靠近消费者，该行业就越靠近下游。

Backward 指标衡量了一个特定的最终产品通过行业间的后向联系使用的所有行业的增加值的平均步长。不同于 Forward 指标，由于 Backward 是从最终使用者的角度分析，该指标很难分析出一个特定行业的位置。也就是说，Forward 指标衡量了一个特定产品通过增加值生产过程到达所有行业的步长，而 Backward 可以理解为某种产品的消费者到生产者的距离。

2. 前向增加值平均传递步长

在相同的封闭投入产出系统中，由于最终产品 k 的需求引起的行业 s 的增加值可以表示为 $V_s BY_k$，其中，$V_s = [0 \quad 0 \quad \cdots \quad v_s \quad \cdots \quad 0]$ 表示行业 s 的增加值系数向量，$Y_k = [0 \quad 0 \quad \cdots \quad y_k \quad \cdots \quad 0]$ 表示消费者对于 k 产品的最终需求向量。如果设 $v_s b_{sk} y_k = va_{sk}$，对于所有行业，有：

$$\hat{V}BY_k / VA_k = \hat{V}(I + A + A^2 + \cdots) Y_k / VA_k = u \qquad (5-15)$$

根据前述定义，对于一个特定行业 s 到最终产品 k 的增加值平均传递步长可以表示为：

$$Forward_{sk} = V_s (1I + 2A + 3A^2 + \cdots) Y_k / va_{sk} = V_s B^2 Y_k / va_{sk} \qquad (5-16)$$

上述定义也可以改写为所有行业到最终产品 k 的增加值平均传递步长：

$$Forward_k = \hat{V}(1I + 2A + 3A^2 + \cdots) Y_k / VA_k = \hat{V} B^2 Y_k / VA_k \qquad (5-17)$$

其中，$Forward_k$ 是一个 $N \times 1$ 阶向量，表示到一个具体最终产品 k 的增加值平均传递步长，$VA_k = [va_{1k} \quad va_{2k} \quad \cdots \quad va_{nk}]^T$，$v_i b_{ik} y_k = va_{ik}$。

对于一组最终产品 $Y_G = [0 \quad 0 \quad \cdots \quad y_m^G \quad \cdots \quad 0]$，$m \in G$，有 $\sum_m^G v_i b_{im} y_m = va_{ig}$，$VA_G = [va_{1G} \quad va_{2G} \quad \cdots \quad va_{nG}]^T$。因此，从一个特定行业到一组最终产品 G 的平均距离可以表示为：

$$Forward_G = \hat{V}(1I + 2A + 3A^2 + \cdots)Y_G/VA_G = \hat{V}B^2 Y_G/VA_G \qquad (5-18)$$

上述分析是从增加值生产行业的角度，衡量一个行业到一个或一组最终产品的平均传递步长。从消费者的角度，$Forward_{sk}$ 也可以被定义为 $Backward_{sk}$，表示从一个特定产品 k 到特定行业 s 的增加值传递步长。

3. 后向增加值平均传递步长

若定义 $v_s b_{sj} y_j = va_{sj}$，$VA_s = \begin{bmatrix} va_{s1} & va_{s2} & \cdots & va_{sn} \end{bmatrix}^T$，通过定义，有：

$$V_s \hat{B} Y/VA_s = V_s(I + A + A^2 + \cdots)\hat{Y}/VA_s = u^T \qquad (5-19)$$

运用 $Forward_k$ 类似的方法，从最终产品到一个行业的增加值传递步长可以写为：

$$Backward_s = V_s(1I + 2A + 3A^2 + \cdots)\hat{Y}/VA_s = V_s B^2 \hat{Y}/VA_s \qquad (5-20)$$

对于一组行业 T，$V_T = \begin{bmatrix} 0 & 0 & \cdots & v_m^T & \cdots & 0 \end{bmatrix}$，$m \in T$，有 $\sum_m^T v_m^T b_{mj} y_j = va_{Tg}$，$VA_T = \begin{bmatrix} va_{T1} & va_{T2} & \cdots & va_{Tn} \end{bmatrix}^T$，一个最终产品到一组行业的增加值传递步长可以写为：

$$Backward_T = V_T(1I + 2A + 3A^2 + \cdots)\hat{Y}/VA_T = V_T B^2 \hat{Y}/VA_T \qquad (5-21)$$

（四）装备制造业价值链微笑曲线形态甄别结果

1. 数据来源及说明

本节使用的数据来源有两个，全球价值链测度数据来自 2016 年世界投入产出数据库（World Input - Output Database，WIOD），该数据库包含了 1995 ~ 2014 年 40 个国家 35 个行业的投入产出数据，而国内最新数据仅更新至 2012 年。为了与国家价值链数据相匹配，本文选取 2002 年、2007 年和 2012 年的世界投入产出表。国家价值链数据来自 2002 年、2007 年和 2012 年的中国区域间投入产出表。

本节使用的数据，有以下三点需要说明：

第一，在世界投入产出表中，装备制造业的数据包含五个子行业，分别为 C12 基本金属和金属加工业、C13 机械制造业、C14 电气和电子设备制造业、C15 交通运输设备制造业和 C16 其他制造业，本书分别将其对应为中国国民经济行业分类（GB/T 4754—2017）中的 C33 金属制品业、

C34～C35通用专用设备制造业、C36～C37交通运输设备制造业、C38～C39电气电子设备制造业和C40仪器仪表制造业。

第二，在中国区域间投入产出表中，装备制造业包含与世界投入产出表中分类一致的五个子行业，分别为A9金属冶炼及制品业、A10机械工业、A11交通运输设备制造业、A12电气机械及电子通信设备制造业和A13其他制造业，本书也分别将其对应为中国国民经济行业分类（GB/T 4754—2017）中的C33金属制品业、C34～C35通用专用设备制造业、C36～C37交通运输设备制造业、C38～C39电气电子设备制造业和C40仪器仪表制造业。

第三，国家价值链中关注的是京津冀地区，但由于统计原因，将京津区域合并，河北和山东合并统计为北部沿海地区，因此本节将京津区域和北部沿海区域合并，近似统计京津冀地区装备制造业的情况。

2. 价值链微笑曲线测度方法

增加值平均传递步长指标反映了区域或行业在价值链中的参与长度，前向增加值平均传递步长展示了作为产品供给方，区域中某行业到价值链中其他参与方（产品需求者或消费者）的距离；后向增加值平均传递步长展示了作为产品需求方，区域中某行业到价值链其他参与方（产品供给者或生产者）的距离。但在双重价值链中实现产业升级，不仅需要广泛参与双重价值链，更重要的是要提高对高附加值关键环节的掌控能力，提高参与环节产生的增加值。为此，本书引入区域或行业参与双重价值链的深度，与增加值平均传递步长结合，以区域为主体作为产品供给方和产品需求方绘制京津冀地区在双重价值链中的前向、后向价值链微笑曲线。

（1）在前向价值链微笑曲线中，X轴为前向增加值平均传递步长，该指标越大，表示该行业距离各最终消费者的距离越远，即该行业更靠近微笑曲线左端研发上游；该指标越小，表示该行业距离各最终消费者的距离越近，即该行业更靠近微笑曲线右端营销服务上游。为了与微笑曲线相匹配，将前向增加值平均步长按照由大到小的顺序排列，越靠近原点指标越大，表明越靠近研发上游。Y轴为价值链其他参与方从该行业获取的价值，也就是该行业对价值链其他参与者的增加值贡献率，表示该行业的获利程度，衡量了该行业在价值链中的增加值获取和掌控能力。另外，所有前向价值链微笑曲线中，均剔除了本区域的增加值贡献率和位置情况。

（2）在后向价值链微笑曲线中，X 轴同前向价值链微笑曲线含义及排列标准一致。Y 轴为该行业从价值链其他参与方获取的价值，也就是价值链其他参与方对该行业的增加值贡献率，表示价值链其他参与方在价值链中对该行业的控制能力。所有后向价值链微笑曲线中，同样剔除了本区域的增加值贡献率和位置情况。

（3）本书关注的是京津冀地区装备制造业在双重价值链中的微笑曲线形态，但是由于没有综合国家间和区域间的投入产出数据，本节的测度分为两步进行：第一步以世界投入产出表为依托，测度中国装备制造业在全球价值链中的微笑曲线形态；第二步以中国区域间投入产出表为依托，测度京津冀地区在国家价值链中的微笑曲线形态。

（4）双重价值链中参与者众多（全球价值链涉及 40 个国家，每个国家 35 个行业；国家价值链涉及 7 个区域，每个区域 17 个行业），为了分析出装备制造业在全球价值链中的主要参与者及其贡献，前向、后向增加值平均传递步长设置门槛值，但各子行业有所差异。

3. 金属制品业

（1）前向价值链微笑曲线。在全球价值链中（见图 5 - 6），随着时间的推移，我国 C33 行业的产业链逐渐拉长，获利能力有所提高。Forward 指标由 2002 年的（3.15 ~ 5.56）延长至 2012 年的（2.91 ~ 6.36）。按照阈值筛选出的参与者数量逐步增多，拟合曲线截距由 0.0021 提高至 0.0037，最高增加值贡献率由 1.1% 上升至 4.9%，其中对中国 C33 行业中间投入需求较高的国家和地区为亚洲周边国家和地区，如韩国、中国台湾、印度尼西亚等。说明中国 C33 行业在全球价值链中的前向产业链长度和深度都有提高，对邻近地区及国家的前向联系更为紧密。从曲线形态来看，各年均呈现出右高左低的微笑形态，且越靠近最终消费者，增加值贡献率越高，分布越不均匀。

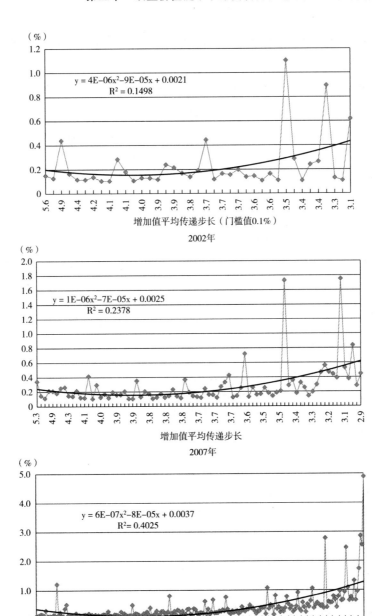

图 5−6　全球价值链中 C33 行业前向微笑曲线

注：图中各点为不同增加值平均传递步长所对应的增加值贡献率，实线为微笑曲线拟合曲线。下同。

在国家价值链中（见图5-7），京津冀地区C33行业的产业链略有延长，获利能力逐步降低。Forward指标由（3.28~6.37）略延长至（3.20~6.59），根据阈值筛选出的参与方由99个行业缩减到78个行业，增加值贡献率的最高值由4.5%猛降至0.36%，增加值贡献的分布越发分散，京津冀地区C33行业的增加值贡献2002年多来自于东部沿海地区，2012年多

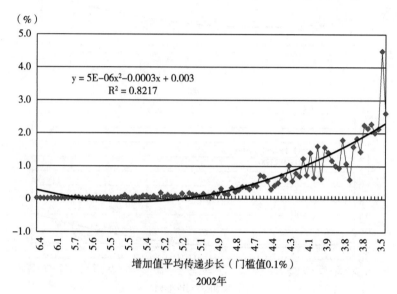

2002年

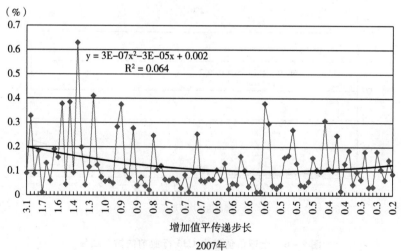

增加值平传递步长

2007年

图5-7　国家价值链中C33行业前向微笑曲线

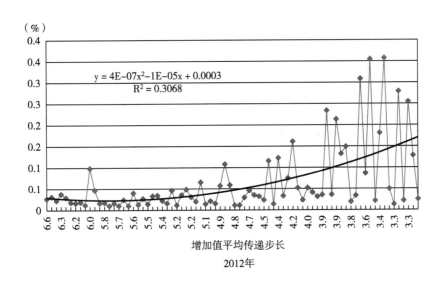

图 5 - 7　国家价值链中 C33 行业前向微笑曲线（续）

来自于西北地区和东北地区。从曲线形态来看，2002 年呈现右高左低的微笑形态，京津冀地区 C33 行业在国家价值链营销服务端具有一定的控制力，但随着时间的推移，虽然微笑曲线形态经过变化后，2012 年恢复至右高左低的形态，但对国家价值链营销服务端的控制能力迅速减弱，对国内其他大部分地区及行业的增加值贡献率在 0.2% 以下。

（2）后向价值链微笑曲线。在全球价值链中（见图 5 - 8），我国 C33 行业的产业链略有延长，其他参与方的控制能力有所提高。Backward 指标由（3.88～5.38）略延长至（2.91～5.62），按照阈值筛选的参与方平均每个研究年份增加 6 个左右，增加值贡献率最高值由 0.9% 增加至 1.96%，对中国 C33 行业增加值贡献较高的国家和地区大部分为发达国家和地区，如日本、美国、加拿大、中国台湾等。曲线形态为近似线性的增加形态。说明中国 C33 行业在全球价值链中后向产业链长度和深度都有提高，其他地区，尤其是发达国家及地区对中国 C33 行业的增加值贡献也有所提升。

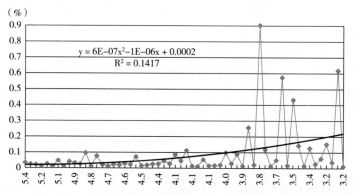

增加值平均传递步长（门槛值0.01%）

2002年

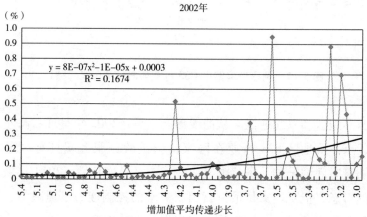

增加值平均传递步长

2007年

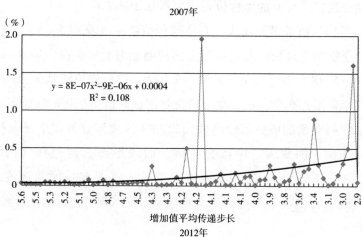

增加值平均传递步长

2012年

图 5-8　全球价值链中 C33 行业后向微笑曲线

　　在国家价值链中（见图 5-9），京津冀地区 C33 行业的产业链长度呈先延长后缩短的态势，其他参与方的控制能力逐步提升。国家价值链按阈值筛选的参与方略有增加，Backward 指标由（-1.3~10.34）延长至（0.73~15.45），随后迅速缩短至（2.99~5.87）。曲线形态经过由"微笑"变为"哭泣"，继而恢复"微笑"的转变，在靠近最终消费者的营销服务端，对于其他参与方的增加值依赖较高，对京津冀地区 C33 行业增加值贡献较多的地区大部分位于中西部地区。

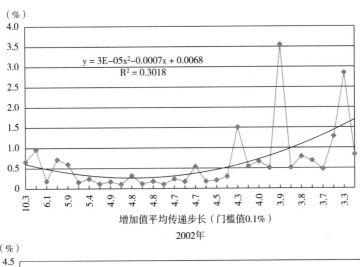

2002年

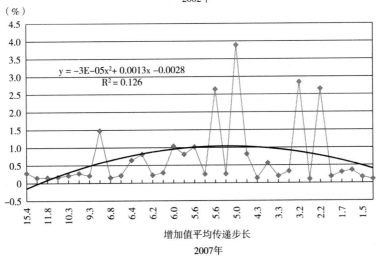

2007年

图 5-9　国家价值链中 C33 行业后向微笑曲线

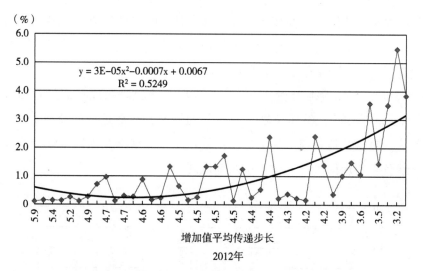

（%）

y = 3E-05x²-0.0007x + 0.0067
R² = 0.5249

增加值平均传递步长

2012年

图5-9　国家价值链中C33行业后向微笑曲线（续）

4. 通用专用设备制造业

（1）前向价值链微笑曲线。在全球价值链中（见图5-10），我国通用专用设备制造业（C34~C35）的产业链长度变化不大，但涉及的参与方数量增长迅速，按照阈值筛选出的参与方，2002年为130个地区及行业，到2012年数量增加至744个，说明中国C34~C35行业在全球价值链

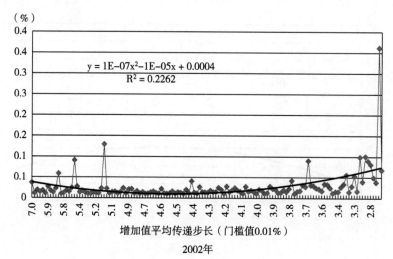

（%）

y = 1E-07x²-1E-05x + 0.0004
R² = 0.2262

增加值平均传递步长（门槛值0.01%）

2002年

图5-10　全球价值链中C34~C35行业前向微笑曲线

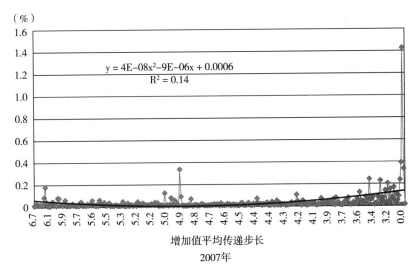

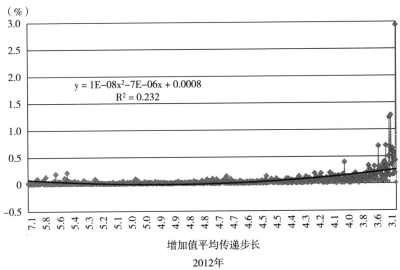

图 5－10　全球价值链中 **C34～C35** 行业前向微笑曲线（续）

中参与程度迅速提高。最高增加值贡献率由 0.36% 上升至 2.94%，增加值贡献较高的国家大部分为亚洲国家和地区，如印度尼西亚、缅甸、印度、中国台湾等，其中印度尼西亚最突出，其通用专用设备制造业在所有年份均为最高的增加值贡献，平均高出第二位国家及地区 2.56 倍。曲线形态逐年平缓，呈现右端略高的微笑形态。

在国家价值链中（见图5－11），京津冀地区通用专用设备制造业（C34～C35）的产业链略有延长，Forward指标由（3.36～6.4）延长至（2.99～6.56），按阈值筛选的参与方数量逐步减少。最高增加值贡献率由1.65%缩减至0.37%，其中大部分增加值贡献来自中部和西北地区。曲线形态逐步平缓，2012年呈现近似线性的增加形态。说明京津冀地区通用专用设备制造业（C34～C35）在国家价值链中的前向产业链长度略有增加，但深度降低，与中西部地区前向联系更加紧密。

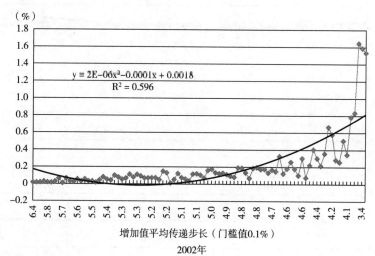

2002年

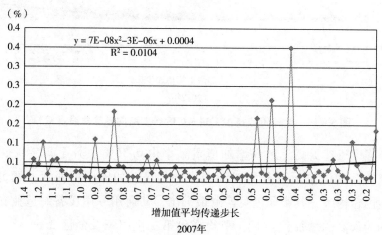

2007年

图5－11　国家价值链中C34～C35行业前向微笑曲线

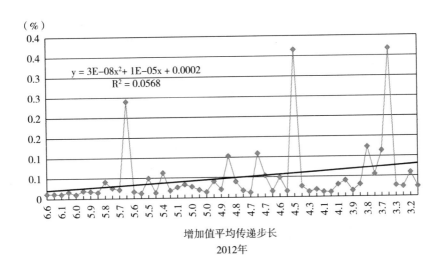

图 5 - 11　国家价值链中 C34 ~ C35 行业前向微笑曲线（续）

（2）后向价值链微笑曲线。在全球价值链中（见图 5 - 12），我国通用专用设备制造业（C34 ~ C35）产业链略有延长，Backward 指标由（2.76 ~ 5.38）延长至（2.88 ~ 5.84），按阈值筛选的参与方数量逐年增加。最高贡献率变化不大，其中大部分增加值贡献来自日本、德国、中国台

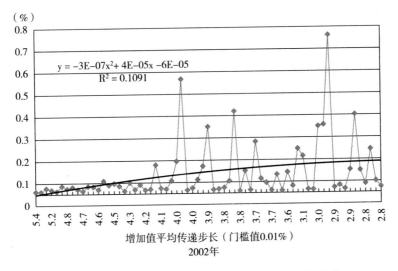

图 5 - 12　全球价值链中 C34 ~ C35 行业后向微笑曲线

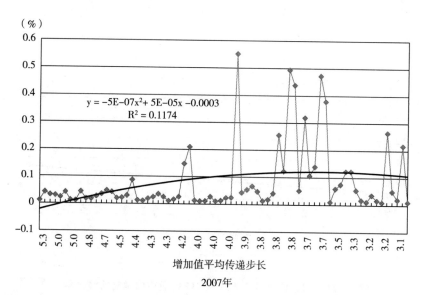

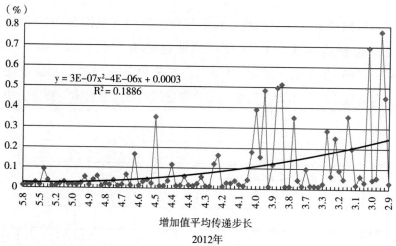

图 5 – 12　全球价值链中 C34 ~ C35 行业后向微笑曲线（续）

湾、意大利和美国等国家和地区。曲线形态呈现先"哭泣"后"微笑"的转变，越靠近最终消费端分布越不均匀。说明我国通用专用设备制造业（C34 ~ C35）在全球价值链中后向产业链长度有所延长，发达国家的中间产品对我国该行业生产具有重要作用。

在国家价值链中（见图 5 – 13），京津冀地区通用专用设备制造业

（C34～C35）的产业链略有延长，按阈值筛选的参与方数量逐年略增。最高增加值贡献率由0.87%上升至2.94%，增加值贡献来源区域由2002年的中部、西北、东北地区变化为2007年的南部沿海、中部、西北地区。曲线呈现出右高左低的微笑形态，随着时间的推移，分布逐步均匀。说明京津冀地区通用专用设备制造业（C34～C35）在国家价值链中的后向产业链长度略有增加，深度提高，南部沿海地区对京津冀地区的增加值贡献日益重要。

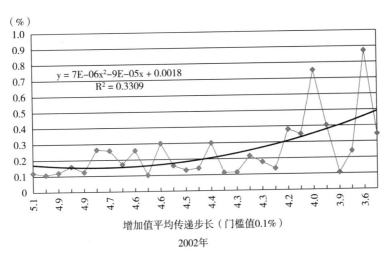

2002年

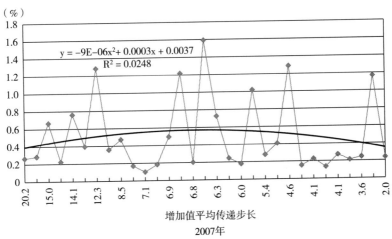

2007年

图5-13　国家价值链中C34～C35行业后向微笑曲线

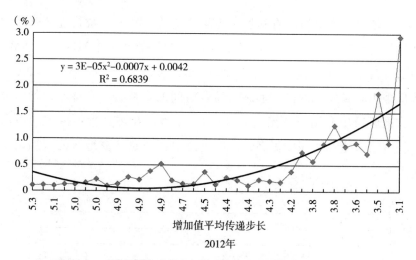

（%）

$$y = 3E{-}05x^2 {-} 0.0007x + 0.0042$$
$$R^2 = 0.6839$$

增加值平均传递步长

2012年

图 5 – 13　国家价值链中 C34 ~ C35 行业后向微笑曲线 （续）

5. 交通运输设备制造业

（1）前向价值链微笑曲线。在全球价值链中（见图 5 – 14），我国交通运输设备制造业（C36 ~ C37）产业链略有缩短，但按阈值筛选的参与方由 2002 年的 87 个国家和地区及行业迅速上升至 2012 年的 335 个国家和地区及行业。最高增加值贡献率由 0.26% 提升至 1.73%，其中增加值贡

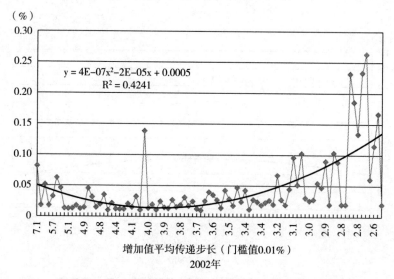

（%）

$$y = 4E{-}07x^2 {-} 2E{-}05x + 0.0005$$
$$R^2 = 0.4241$$

增加值平均传递步长（门槛值0.01%）

2002年

图 5 – 14　全球价值链中 C36 ~ C37 行业前向微笑曲线

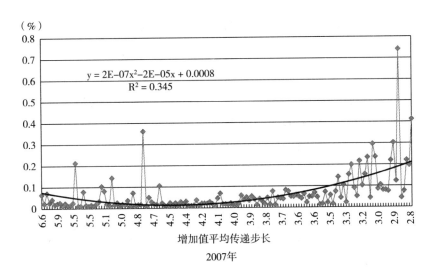

$y = 2E{-}07x^2{-}2E{-}05x + 0.0008$

$R^2 = 0.345$

增加值平均传递步长

2007年

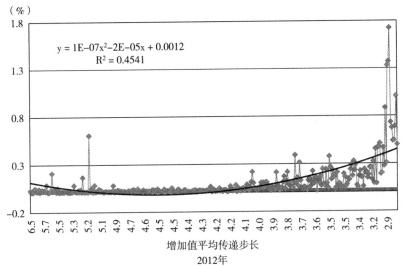

$y = 1E{-}07x^2{-}2E{-}05x + 0.0012$

$R^2 = 0.4541$

增加值平均传递步长

2012年

图5-14　全球价值链中 C36 ~ C37 行业前向微笑曲线（续）

献较高的国家和地区 2002 年主要包括捷克、丹麦、印度尼西亚、英国、中国台湾等，2012 年有所变化，主要有中国台湾、俄罗斯、卢森堡、波兰等国家和地区。曲线形态逐年愈发平缓，分布更加均匀，越靠近最终消费端，增加值贡献越大，极值越多。说明我国交通运输设备制造业（C36 ~ C37）在全球价值链中的产业链长度有所缩短，对于研发和营销服务环节具有一定的获利能力和掌控能力，且增加值贡献率不但来自周边国家，还有欧洲国家也具有非常重要的作用。

在国家价值链中（见图5－15），京津冀地区交通运输设备制造业（C36～C37）的产业链长度有所延长，Forward指标由（2.64～5.5）延长至（2.99～6.35），按阈值筛选的参与方呈先增后减的变化态势，最高增加值贡献率由1.89%下降至0.14%，增加值贡献较高的地区为东北地区、

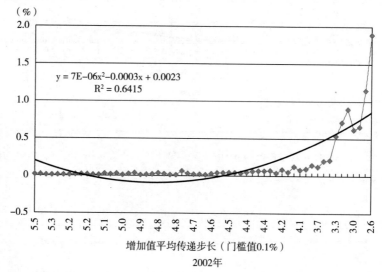

（％）

$y = 7\text{E}{-}06x^2 - 0.0003x + 0.0023$
$R^2 = 0.6415$

增加值平均传递步长（门槛值0.1%）

2002年

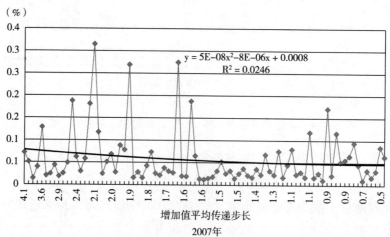

（％）

$y = 5\text{E}{-}08x^2 - 8\text{E}{-}06x + 0.0008$
$R^2 = 0.0246$

增加值平均传递步长

2007年

图5－15　国家价值链中C36～C37行业前向微笑曲线

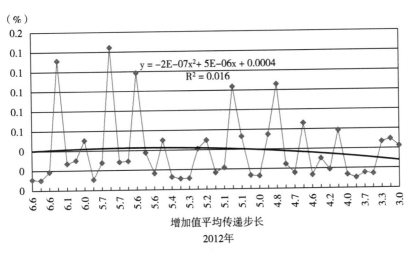

图 5 – 15　国家价值链中 C36 ~ C37 行业前向微笑曲线（续）

中部和西北地区。曲线形态逐步由"微笑"变为"哭泣"形态，增加值贡献分布愈发不均匀，曲线拟合度由 0.64 降低至 0.016，说明京津冀地区交通运输设备制造业（C36 ~ C37）在国家价值链中产业链供给的区域不平衡性增强，在研发环节、制造环节和服务营销环节对内陆地区具有较强的控制力。

（2）后向价值链微笑曲线。在全球价值链中（见图 5 – 16），我国交通

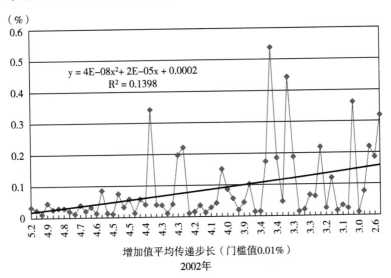

图 5 – 16　全球价值链中 C36 ~ C37 行业后向微笑曲线

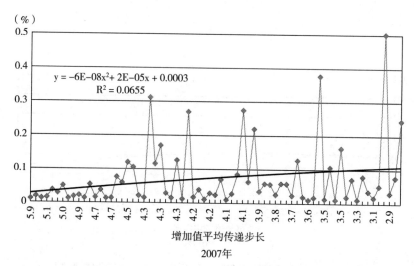

2007年

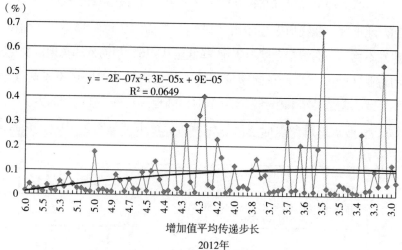

2012年

图 5 - 16　全球价值链中 C36 ~ C37 行业后向微笑曲线（续）

运输设备制造业（C36 ~ C37）的产业链有所延长且更靠近研发环节，Backward 指标由（2.59 ~ 5.19）延长并增加至（2.9 ~ 5.99），按照阈值筛选的参与方逐渐增加。最高增加值贡献率由 0.54% 略增至 0.67%，增加值贡献较多的为日本、美国、德国、英国、韩国以及中国台湾等发达国家和地区。曲线形态由近似线性增加逐步变为"哭泣"形态，增加值贡献分布不均匀情况在制造环节和营销服务环节更加明显。

在国家价值链中（见图 5 - 17），京津冀地区交通运输设备制造业
（C36 ~ C37）的产业链长度有所延伸，Backward 指标由（2.92 ~ 4.85）延
长并增加至（2.88 ~ 5.19），按阈值筛选的参与方较少，但随着时间的推
移有所增加，由 2002 年的 10 个参与方增加至 2012 年的 21 个。最高增加
值贡献率由 0.62% 提高至 4.27%，增加值贡献来源分布均匀，东、中、
西部地区均有一定贡献。曲线形态由高斜率近似线性逐渐转变为右端略高
的微笑形态，其中东北地区该行业对京津冀地区增加值贡献较为突出。

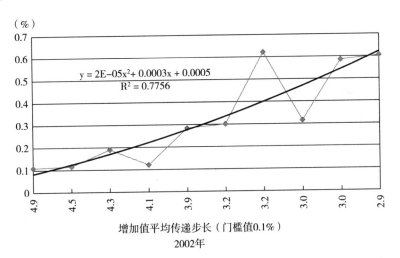

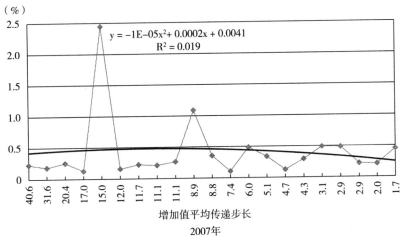

图 5 - 17　国家价值链中 C36 ~ C37 行业后向微笑曲线

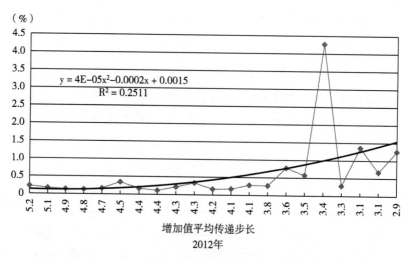

（%）

$$y = 4E{-}05x^2 - 0.0002x + 0.0015$$
$$R^2 = 0.2511$$

增加值平均传递步长
2012年

图 5-17 国家价值链中 C36~C37 行业后向微笑曲线 （续）

6. 电气电子设备制造业

（1）前向价值链微笑曲线。在全球价值链中（见图 5-18），我国电气电子设备制造业（C38~C39）的产业链有所延伸，Forward 指标由（2.54~4.79）延长并增加至（2.74~5.26），按阈值筛选的参与方由 2002 年的 70 个逐步提升至 2012 年的 379 个。最高增加值贡献率也由 1.17%

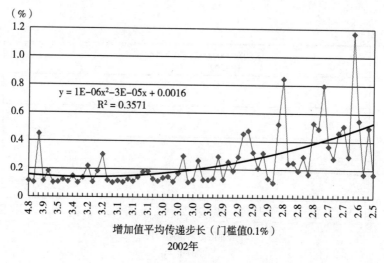

（%）

$$y = 1E{-}06x^2 - 3E{-}05x + 0.0016$$
$$R^2 = 0.3571$$

增加值平均传递步长（门槛值0.1%）
2002年

图 5-18 全球价值链中 C38~C39 行业前向微笑曲线

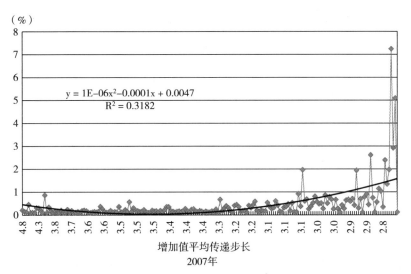

2007年

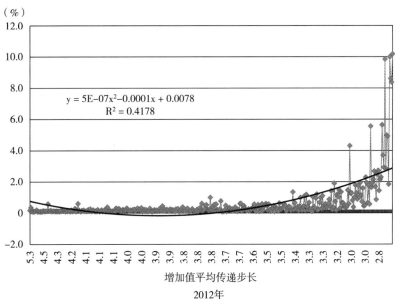

2012年

图 5-18　全球价值链中 C38~C39 行业前向微笑曲线（续）

提升至 10.18%。这说明了我国电气电子设备制造业（C38－C39）在全球价值链中的产业链长度和深度都有非常大的提升。与其他行业有明显区别的是，增加值贡献较高的地区并不单纯局限在亚洲及附近地区，而是遍布世界各地，包括柬埔寨、墨西哥、捷克、中国台湾、韩国、比利时、墨西哥、芬兰、波兰、加拿大、美国等，其中柬埔寨、墨西哥和捷克的增加值贡献率均超过10%，中国台湾、意大利、芬兰、韩国等47个国家和地区的增加值贡献率在1%到10%的范围内。曲线形态呈现出右端略高的微笑形态。这说明我国电气电子设备制造业（C38～C39）在全球价值链中的产业链长度和深度都有较大的提高，对于研发端和营销服务端都有一定的获利能力和掌控能力，对于营销服务端的掌控能力更强。

在国家价值链中（见图5－19），京津冀地区电气电子设备制造业（C38～C39）的产业链有所延长，Forward指标由（2.94～5.71）延长至（2.88～6.98），按阈值筛选的参与方略有降低。最高增加值贡献率由2.31%降低至0.14%，增加值贡献较多的地区有由西向东转移的趋势。曲线形态由微笑形态逐步变化为近似线性的增加形态，增加值贡献分布差距扩大，京津冀地区对于西部地区增加值贡献降低，对中部和东南部沿海地区重要性提升。

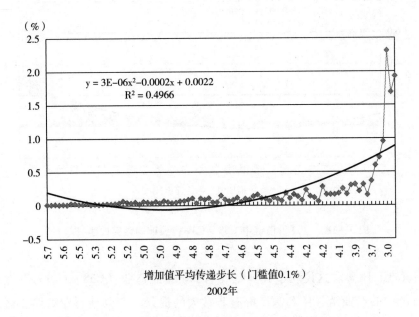

图5－19　国家价值链中 C38～C39 行业前向微笑曲线

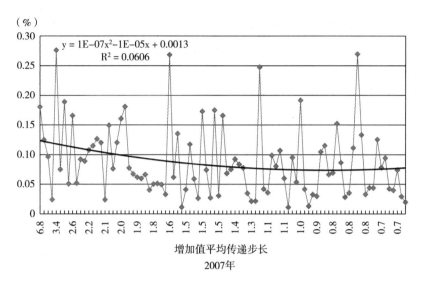

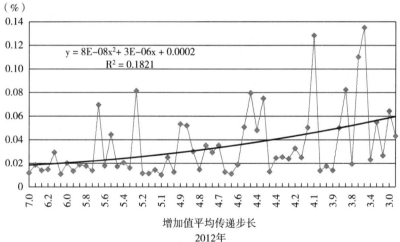

图 5 - 19　国家价值链中 C38 ~ C39 行业前向微笑曲线（续）

（2）后向价值链微笑曲线。在全球价值链中（见图 5 - 20），我国电气电子设备制造业（C38 ~ C39）的产业链长度略有延长，Backward 指标由（2.57 ~ 5.41）延长并增加至（2.68 ~ 5.76），按阈值筛选的参与方略有增加，最高增加值贡献率由 1.72% 上升至 5.59%，其中大部分增加值贡献来自日本、中国台湾、美国、韩国、德国等发达国家和地区。曲线形态基本呈现两端高中间低的微笑形态，其中中国台湾、韩国、日本和美国对中国电气电子设备制造业的增加值贡献率超过了 1%。其他国家和地区对中国的增加值贡献率均低于 0.5%。说明在该行业，这几个地区具有较强的价值链控制能力。

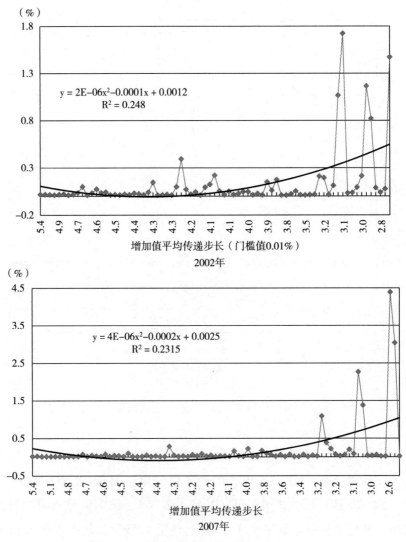

图 5－20　全球价值链中 C38～C39 行业后向微笑曲线

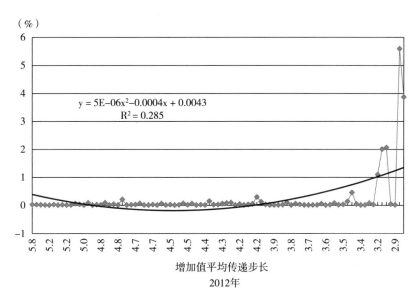

（%）

$y = 5E{-}06x^2{-}0.0004x + 0.0043$
$R^2 = 0.285$

增加值平均传递步长
2012年

图 5 – 20　全球价值链中 C38 ~ C39 行业后向微笑曲线（续）

在国家价值链中（见图 5 – 21），京津冀地区电气电子设备制造业
（C38 ~ C39）的产业链长度有所延伸，Backward 指标由（3.15 ~ 4.89）延
长至（2.86 ~ 5.26），按阈值筛选的参与方呈现先增后减的态势，最高增
加值贡献率由 0.74% 上升至 1.17%，其中西北地区和南部沿海地区电气电

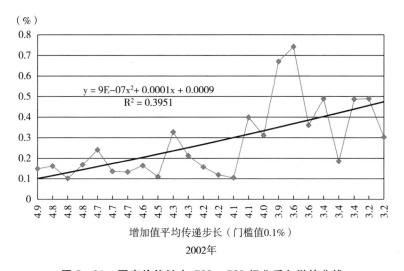

（%）

$y = 9E{-}07x^2{+} 0.0001x + 0.0009$
$R^2 = 0.3951$

增加值平均传递步长（门槛值0.1%）
2002年

图 5 – 21　国家价值链中 C38 ~ C39 行业后向微笑曲线

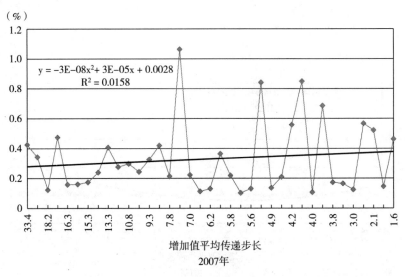

$$y = -3E-08x^2 + 3E-05x + 0.0028$$
$$R^2 = 0.0158$$

增加值平均传递步长
2007年

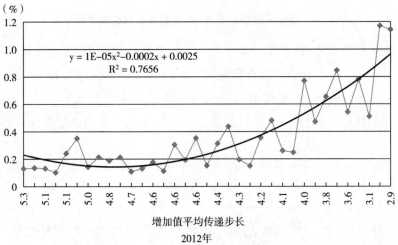

$$y = 1E-05x^2 - 0.0002x + 0.0025$$
$$R^2 = 0.7656$$

增加值平均传递步长
2012年

图5-21 国家价值链中C38~C39行业后向微笑曲线（续）

子设备制造业对京津冀地区的增加值贡献率超过了1%，东北地区、中部
地区和东部沿海地区部分子行业对京津冀地区的增加值贡献率在0.5%到
1%。曲线形态由近似线性增长逐步变为右高左低的微笑形态，各地区对
于京津冀地区的增加值贡献分布较均衡，2012年曲线拟合度达到0.77，
说明京津冀地区与其他国内区域在该行业中存在较为均衡的后向联系。

7. 仪器仪表制造业

（1）前向价值链微笑曲线。在全球价值链中（见图 5-22），我国仪器仪表制造业（C40）产业链有所延长，Forward 指标由（2.16~5.91）延长至（2.09~6.78），按阈值筛选的参与方逐步递增，从 2002 年的 64 个增加到 2012 年的 178 个。最高增加值贡献率由 0.18% 上升至 3.93%，其中

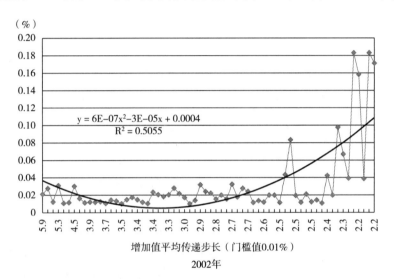

2002年

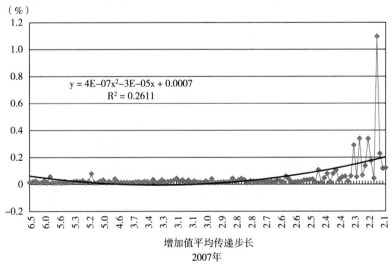

2007年

图 5-22　全球价值链中 C40 行业前向微笑曲线

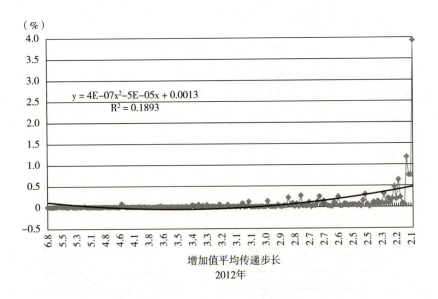

（%）

$$y = 4E{-}07x^2{-}5E{-}05x + 0.0013$$
$$R^2 = 0.1893$$

增加值平均传递步长
2012年

图 5 – 22　全球价值链中 C40 行业前向微笑曲线（续）

印度对于中国仪器仪表制造业（C40）具有最高的增加值贡献，2012 年，唯有印度的 4 个子行业对中国具有超过 0.7% 的增加值贡献率，其余国家和地区增加值贡献率均低于 0.5% 。且按增加值贡献率由高到低排列，前 30 位中有 16 个印度行业。说明中国仪器仪表制造业（C40）在全球价值链中与印度具有非常强的联系，与其他国家和地区之间的联系较弱。曲线形态较为平缓，右侧印度仪器仪表制造业的超高产品需求导致拟合曲线右侧略高。

　　在国家价值链中（见图 5 – 23），京津冀地区仪器仪表制造业（C40）产业链长度有所延伸，Forward 指标由（3.09 ~ 5.81）延长至（2.69 ~ 6.43），各地区增加值贡献均较低且逐年下降，2002 年最高增加值贡献率仅为 0.51% ，到 2012 年下降至 0.0002% 。说明我国国内各区域对于京津冀地区仪器仪表制造业（C40）产品几乎没有需求。

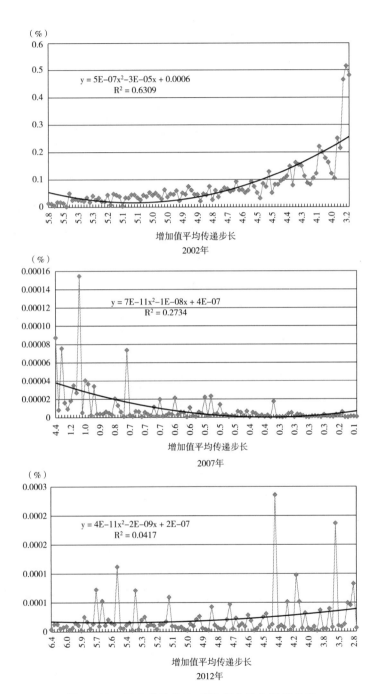

图 5 - 23　国家价值链中 **C40** 行业前向微笑曲线

（2）后向价值链微笑曲线。在全球价值链中（见图5-24），我国仪器仪表制造业（C40）的产业链有所延长，Backward指标由（2.58～5.1）延长并增加至（2.65～5.72），按阈值筛选的参与方数量变化不大，最高增加值贡献也几乎未变，增加值贡献较多的包括中国台湾、美国、韩国和日本等发达国家和地区。曲线形态呈现出小幅度"哭泣"形态。

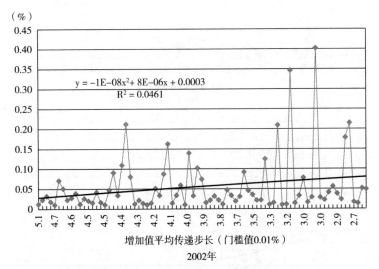

2002年

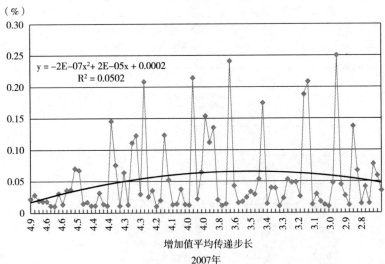

2007年

图5-24 全球价值链中C40行业后向微笑曲线

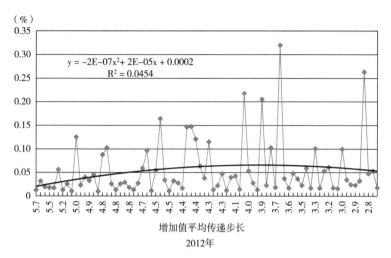

（%）

$y = -2E-07x^2 + 2E-05x + 0.0002$
$R^2 = 0.0454$

增加值平均传递步长
2012年

图 5 - 24 全球价值链中 C40 行业后向微笑曲线（续）

在国家价值链中（见图 5 - 25），京津冀地区仪器仪表制造业（C40）的产业链长度略有缩短但变化幅度不大，按阈值筛选的参与方数量逐步降低，最高增加值贡献率由 0.54% 上升至 0.95%，地区由中部、东部沿海转向西北地区。其中 2012 年西北地区的两个子行业对京津冀地区有超过 0.5% 的增加值贡献率，其他地区及子行业增加值贡献率均在 0.25% 以下。曲线呈右高左低的微笑形态，除西北地区两个极值外，各区域对京津冀地区仪器仪表制造业（C40）的贡献水平差距不明显。

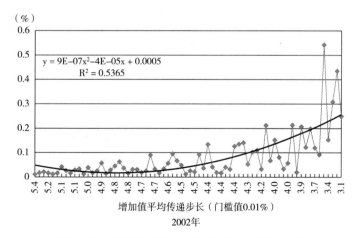

（%）

$y = 9E-07x^2 - 4E-05x + 0.0005$
$R^2 = 0.5365$

增加值平均传递步长（门槛值0.01%）
2002年

图 5 - 25 国家价值链中 C40 行业后向微笑曲线

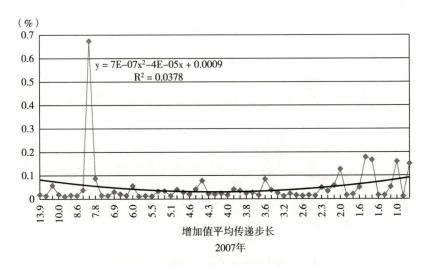

（%）

y = 7E–07x²–4E–05x + 0.0009
R² = 0.0378

增加值平均传递步长

2007年

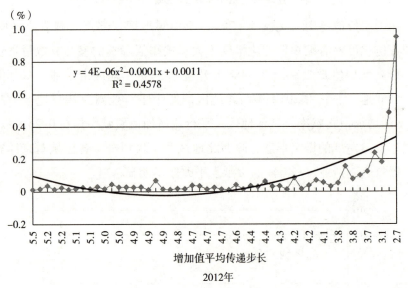

（%）

y = 4E–06x²–0.0001x + 0.0011
R² = 0.4578

增加值平均传递步长

2012年

图 5 – 25　国家价值链中 C40 行业后向微笑曲线（续）

三、京津冀装备制造业产业升级路径
甄别结果与匹配

上一节对中国装备制造业在全球价值链、京津冀地区在我国国家价值链中的价值链微笑曲线形态进行了测度，对京津冀地区装备制造业各子行业在双重价值链中各环节的掌控能力和盈利能力有了一定的了解。为了促进京津冀地区装备制造业各子行业实现产业升级，结合第五章第一节中的三种产业升级路径以及第三章和第四章中的分析结果，本节对京津冀地区装备制造业子行业如何攀升价值链，实现产业升级进行路径的甄别与划分。

（一）京津冀装备制造业产业升级路径甄别结果

1. 金属制品业

根据第五章第二节的分析可以发现，在全球价值链中，我国金属制品业的产业链有所延长，在营销服务端有一定的掌控能力，获利能力提升迅速。在附加值贡献较多的国家和地区中，下游国家和地区大多是位于我国的周边国家，而上游国家和地区大多是发达国家和地区。在国家价值链中，京津冀地区金属制品业的产业链有所延长，在营销服务端同样具有一定的控制能力，获利能力提升迅速。在附加值贡献较多的地区中，上下游地区大多是中西部地区。

第三章分析发现京津冀地区金属制品业属于资本密集型行业，其生产能力、研发投入和利润水平均有较快的提升，在国家价值链中的地位和参与度也较高，其中前向参与度在装备制造业子行业中位于最高水平。第四章分析发现生产性服务业、FDI对于装备制造业有明显的促进作用。

综上可见，京津冀地区金属制品业在双重价值链中，均在营销服务端具有一定的优势。因此京津冀地区金属制品业应重视国内市场，通过营销服务端升级路径实现国内市场的掌控，进而在全球价值链中逐步增加市场份额，提升营销服务端的掌控。在此路径发展的基础上，再通过其他几条路径实现附加值的进一步提升。

2. 通用专用设备制造业的产业升级路径

根据第五章第二节的分析可以发现，在全球价值链中，我国通用专用设备制造业的产业链长度变化不大，在研发端和营销服务端的掌控能力均不强，但是获利能力有一定的提升。在附加值贡献较多的国家和地区中，下游国家和地区大多是位于我国周边的发展中国家，上游国家和地区则主要是发达国家。在国家价值链中，京津冀地区通用专用设备制造业的产业链长度变化也不大，在研发端和营销服务端的掌控能力均不强，并且获利能力有明显的降低。在增加值贡献较多的地区中，上游地区主要是中西部地区和南部沿海地区，下游地区主要是南部沿海地区、东北和中部地区。

第三章分析发现京津冀地区通用专用设备制造业由过渡行业逐渐变为资本密集型行业。其研发投入、利润和外商投资的增长较快，但在双重价值链中的地位和参与度均一般，前后向参与度差距不大。第四章分析发现生产性服务业、FDI对于装备制造业有明显的促进作用。

综上可见，京津冀地区通用专用设备制造业在双重价值链中，无论哪个环节都不具备明显的优势。因此京津冀地区通用专用设备制造业应该着重关注工艺流程升级路径，利用研发投入和外商投资的溢出效应实现制造环节的工艺和流程的升级，提升制造环节的附加值。在此路径发展的基础上，再通过其他几条路径实现附加值的进一步提升。

3. 交通运输设备制造业的产业升级路径

根据第五章第二节的分析可以发现，在全球价值链中，我国交通运输设备制造业的产业链逐步向研发端延伸，产业链长度有所缩减。在研发端和营销服务端均有一定的控制能力，获利能力有较快的提升。在附加值贡献较多的国家和地区中，下游国家主要为欧洲和亚洲的国家，并且包含一些发达国家，上游国家主要是德国、日本、美国、韩国等发达国家。国家价值链中，京津冀地区交通运输设备制造业的产业链长度有所延长，并且向微笑曲线两端延伸。但是在研发端和营销服务端的控制能力都不强，获利能力降低。在附加值贡献较多的地区中，下游主要是欠发达地区，上游主要是发达地区。

第三章分析发现京津冀地区交通运输设备制造业由过渡行业逐渐变为资本密集型行业。其研发投入、出口、利润均位于所有子行业首位，生产能力、利润和外商资本仅次于计算机通信及其他电子信息制造业，在国家价值链中的地位和参与度较低，前后向参与度差距很小，在全球价值链中的地位和参与度一般，前后向参与度差距较大。第四章分析发现生产性服务业、FDI 对于装备制造业有明显的促进作用。

综上可见，京津冀地区交通运输设备制造业在双重价值链中，在研发端和营销服务端均有一定的优势。京津冀地区交通运输设备制造业应重视研发端的突破，通过研发端升级路径，缩小与国外技术的差距，提升产业附加值。在此基础上，通过营销服务端升级路径，开拓国内外市场，并进一步运用其他路径实现附加值的进一步提升。

4. 电气电子设备制造业的产业升级路径

根据第五章第二节的分析可以发现，在全球价值链中，我国电气电子设备制造业的产业链逐步向微笑曲线两端延伸和延长。在营销服务端有一定的控制能力，获利能力有较快的提升。在附加值贡献较多的国家和地区中，下游国家遍布世界各地，上游国家主要是德国、日本、美国、韩国等发达国家。在国家价值链中，京津冀地区电气电子设备制造业的产业链长度有所延长，并且向微笑曲线两端延伸。但是在研发端和营销服务端的控制能力都不强，获利能力有所降低。在附加值贡献较多的地区中，下游主要是南部沿海地区、西北和东北地区，上游主要是南部沿海地区、西北和中部地区。

第三章分析发现京津冀地区电气机械制造业属于资本密集型行业，电子设备制造业属于过渡行业。其中电子设备制造业生产能力、利润和外商资本均位于所有子行业首位，研发投入、出口、利润仅次于交通运输设备制造业，电气机械制造业各项指标均较高，几乎都排在第三位。在国家价值链中的参与度较低，前后向参与度差距很小，在全球价值链中地位最低、参与度最高，前后向参与度差距非常大。第四章分析发现生产性服务业、FDI对于装备制造业有明显的促进作用。

综上可见，京津冀地区电气电子设备制造业在双重价值链中，在研发端和营销服务端均有一定的优势。京津冀地区电气电子设备制造业应重视研发端的突破，通过研发端升级路径实现关键技术和零部件的突破，缩小与国外技术的差距，提升产业附加值。在此路径发展的基础上，再通过其他几条路径实现附加值的进一步提升。

5. 仪器仪表制造业的产业升级路径

根据第五章第二节的分析可以发现，在全球价值链中，我国仪器仪表制造业的产业链长度有所延长，在研发端和营销服务端的控制能力均很弱，获利能力有一定提升。在附加值贡献较多的国家和地区中，下游国家和地区主要是印度，上游国家和地区主要是日本、美国、韩国等发达国家。国家价值链中，京津冀地区仪器仪表制造业的产业链长度有所延长，在研发端和营销服务端的控制能力均极低，获利能力也急剧下降，并且与其他地区几乎没有上下游联系。

第三章分析发现京津冀地区仪器仪表制造业属于资本密集型行业。其各项水平均位于所有子行业中最后一位，在国家价值链中地位参与度水平一般，在全球价值链中有较高的地位和参与度，前后向参与度差距较大。第四章分析发现生产性服务业、FDI对于装备制造业有明显的促进作用。

综上可见，京津冀地区仪器仪表制造业在双重价值链中，在任何环节均没有优势。因此京津冀地区仪器仪表制造业应该着重关注制造环节的升级路径，通过工艺流程升级，提升制造环节的附加值。在此路径发展的基础上，再通过其他几条路径实现附加值的进一步提升。

（二）京津冀装备制造业产业升级路径匹配结果

第五章第三节对京津冀地区装备制造业各子行业的产业升级路径进行

了甄别，主要涉及价值链工艺流程升级路径和功能升级路径。在理论框架中，本书还设计了产品升级路径和链条升级路径。但这两条路径无法单独实现，需要与其他路径结合。

产品升级路径依赖于研发人员和研发经费的投入，与研发端升级路径具有高度的相关性，且不容易区分，因此，本书将其与路径 2（研发端功能升级路径）一并考虑；另外，已有不少学者研究认为产业集群升级是推进产业在双重价值链中实现产业升级的有效形式（Fried & Schmidt，1999），该升级形式对于其他 4 种升级路径均有促进作用。

第五章第一节中提出的这 5 种产业升级路径分别称为路径 1（工艺流程升级路径）、路径 2（产品升级路径）、路径 3（研发端功能升级路径）、路径 4（营销服务端功能升级路径）和路径 5（链条升级路径），并将 5 种理论路径与第五章第三节的路径甄别结果相结合。

通过上述分析，对京津冀地区装备制造业子行业产业升级路径进行匹配，结果如表 5 - 1 所示。

表 5 - 1　京津冀地区装备制造业子行业产业升级路径匹配结果

装备制造业子行业	工艺流程升级	产品升级	功能升级	链条升级
C33 金属制品业			路径 4	路径 5
C34 通用设备制造业	路径 1			路径 5
C35 专用设备制造业	路径 1			路径 5
C36 汽车制造业		路径 2	路径 3	路径 5
C37 铁路船舶航空航天和其他运输设备制造业		路径 2	路径 3	路径 5
C38 电气机械和器材制造业		路径 2	路径 3	路径 5
C39 计算机通信和其他电子设备制造业		路径 2	路径 3	路径 5
C40 仪器仪表制造业	路径 1			路径 5

第六章

双重价值链下京津冀装备制造业产业升级的效率评价

为了促进京津冀地区装备制造业在双重价值链中的产业升级,综合第三章到第五章的研究结果,本章构建了不同产业升级路径下的升级效率评价指标体系,运用三阶段 DEA – windows 方法,考虑环境变量和随机误差的影响,对第五章中京津冀地区装备制造业不同产业升级路径的升级效率进行了评价,以寻找该效率的薄弱环节。

一、不同升级路径下的产业升级效率测度模型

(一) 三阶段 DEA – windows 原理

1. 数据包络分析 (DEA)

数据包络分析 (DEA) 方法最初由美国著名运筹学家 Charnes 和 Cooper 于 1978 年提出,是一种对多投入/多产出的多个决策单元的效率评估方法。DEA 是一个线性规划模型,表示为产出对投入的比率。通过对一个特定单位的效率和一组提供相同服务的类似单位的绩效比较,试图使服务单位的效率最大化。在这个过程中,获得 100% 效率的一些单位被称为相对

有效率单位，而另外的效率评分低于 100% 的单位称为无效率单位。

Charnes 等于 1978 年提出了面向投入的规模报酬不变模型（C^2R）。假设有 n 个评价对象（称为决策单元 DMU），每个决策单元都有 m 种输入和 s 种输出，x_{rj} 和 y_{ij} 分别表示第 j 个决策单元的第 r 种投入量和第 i 种产出量，λ_j 表示 n 个决策单元的投入产出指标权重，则 C^2R 模型可以表示为：

$$\max \mu^T y_{ij}$$

$$\text{s. t} \begin{cases} \omega^T x_{rj} - \mu^T y_{ij} \geq 0, & j = 1, 2, \cdots, n \\ \omega^T x_{rj} = 1 \\ \omega \geq 0, \ \mu \geq 0 \end{cases} \quad (6-1)$$

C^2R 是假设分析主体在固定规模报酬下的运营效率，为了分析规模报酬可变下的情况，Banker 等（1984）提出了 C^2R 的改进方案，剔除了固定规模报酬的假设，也就是 BC^2 模型：

$$\max(\mu^T y_{ij} + \mu_0)$$

$$\text{s. t} \begin{cases} \omega^T x_{rj} - \mu^T y_{ij} - \mu_0 \geq 0, & j = 1, 2, \cdots, n \\ \omega^T x_{rj} = 1 \\ \omega \geq 0, \ \mu \geq 0 \end{cases} \quad (6-2)$$

引入非阿基米德无穷小 ε（一般取 10^{-6}）、投入项的松弛变量 S_r^- 和产出项的剩余变量 S_r^+ 后，得到对偶规划为：

$$\min[\theta - \varepsilon(\sum_{i=1}^{m} S_r^- + \sum_{i=1}^{m} S_r^+)]$$

$$\text{s. t} \begin{cases} \sum_{j=1}^{n} y_{ij} \lambda_j - S_i^+ = y_{ij}, & i = 1, 2, \cdots, s \\ \sum_{j=1}^{n} x_{rj} \lambda_j - S_i^- = \theta x_{rj}, & r = 1, 2, \cdots, m \\ j = 1, 2, \cdots, n \\ S_i^-, \ S_i^+, \ \lambda_j, \ \theta \geq 0 \end{cases} \quad (6-3)$$

其中，θ 表示相对效率；假设模型最优解为 λ^*、S^{*-}、S^{*+} 和 θ^*，则有：

（1）若 $\theta^* = 1$，且 $S^{*-} = S^{*+} = 0$，则 DMU 为 DEA 有效。

（2）若 $\theta^* < 1$，则 DMU 为非 DEA 有效。

（3）若 $\theta^* = 1$，且 $S^{*-} \neq S^{*+} \neq 0$，则 DMU 为弱 DEA 有效。

（4）若 $\sum_{i=1}^{n} \lambda_j = 1$，则规模报酬不变；若 $\sum_{i=1}^{n} \lambda_j > 1$，则规模报酬递增；若 $\sum_{i=1}^{n} \lambda_j < 1$，则规模报酬递减。

BCC 模型计算出来的效率值为综合技术效率（TE），可以进一步分解为规模效率（SE）和纯技术效率（PTE）。

2. 三阶段 DEA

Fried（1999）认为，决策单元的绩效受到管理无效率（Managerial Inefficiencies）、环境因素（Environmental Effects）和统计噪声（Statistical Noise）的影响，因此有必要分离这三种影响，于是提出了基于 BC^2 – Tobit – BC^2 模式的四阶段 DEA 模型，中间两个阶段分别为环境变量的预测和数据调整。随后，在 2002 年，Fried 将中间两个阶段进行了合并，形成了三阶段 DEA。

三阶段 DEA 与传统 DEA 模型的优势在于，它考虑了环境变量和随机误差对于效率评估值的影响。在第一阶段和第三阶段，采用传统的规模报酬可变的 BC^2 模型，在第二阶段引入随机前沿分析（SFA）方法，以环境变量为解释变量，投入指标的松弛变量为被解释变量，将松弛变量分解为管理无效率和随机扰动项的影响，将所有的决策单元调整至同样的环境条件之中。三阶段 DEA 方法利用松弛变量所包含的信息，根据环境条件的差异调整投入或产出的水平，得到仅反映管理水平的"纯粹"效率值。以投入导向的 DEA 模型为例，三阶段 DEA 的基本步骤如下：

第一阶段：运用传统的规模报酬可变的 BC^2 模型计算所有决策单元的效率值，根据估算出的决策单元投入目标值和实际投入值，计算各个投入变量的松弛变量。

第二阶段：第一阶段得到的各个决策单元投入变量受到环境变量、随机扰动和内部管理的影响。由于传统的 DEA 模型无法区分上述三个影响因素对于 DEA 低效的影响，因此第二阶段以第一阶段中各投入变量的松弛变量为被解释变量，以环境变量为解释变量，运用 SFA 方法构建其关系模型：

$$S_{ni} = f(Z_i;\ \beta_n) + \nu_{ni} + \mu_{ni};\ i = 1,\ 2,\ \cdots,\ I;\ n = 1,\ 2,\ \cdots,\ N \quad (6-4)$$

其中，S_{ni} 是第 i 个决策单元第 n 项投入的松弛变量值；Z_i 是环境变量，β_n 是环境变量的系数；$\nu_{ni} + \mu_{ni}$ 是混合误差项，ν_{ni} 表示随机干扰且 $\nu_{ni} \sim N(0,\ \sigma_\nu^2)$ 表示随机干扰因素对投入松弛变量的影响；μ_{ni} 是管理无效率，是管理因素对投入松弛变量的影响，假设其服从在零点截断的正态分布，即 $\mu \sim N^+(0,\ \sigma_\mu^2)$。

从 SFA 模型的混合误差项中把随机误差从管理无效率中分离出来。在估计管理无效率的条件期望 $E[\nu_{ni}|\nu_{ni} + \mu_{ni}]$ 的基础上，可以通过式（6-5）得到随机误差的估计：

$$E[\nu_{ni}|\nu_{ni} + \mu_{ni}] = s_{ni} - f(z_i;\ \beta_n) - E[u_{ni}|\nu_{ni} + \mu_{ni}] \quad (6-5)$$

在此，关于 $E[\nu_{ni}|\nu_{ni} + \mu_{ni}]$ 的计算，使用罗登跃（2012）和陈巍巍等（2014）的方法：

$$E(\mu\,|\,\varepsilon) = \sigma_* \left[\frac{\phi\left(\lambda\,\dfrac{\varepsilon}{\sigma}\right)}{\Phi\left(\dfrac{\lambda\varepsilon}{\sigma}\right)} + \frac{\lambda\varepsilon}{\sigma} \right] \quad (6-6)$$

其中，$\sigma_* = \dfrac{\sigma_\mu \sigma_\nu}{\sigma}$，$\sigma = \sqrt{\sigma_\mu^2 + \sigma_\nu^2}$，$\lambda = \sigma_\mu / \sigma_\nu$。

利用 SFA 模型的回归结果调整各决策单元的投入指标，其原则是把所有决策单元调整到相同的环境条件下，同时在考虑随机误差影响的基础上测度出"纯粹"反映各 DMU 经营管理水平的技术效率值。在此，对于那些所处环境较好的决策单元，通过增加其相应的投入量来使所有决策单元处于相同的外部环境，调整公式如下：

$$X_{ni}^A = X_{ni} + [\max(f(Z_i;\ \hat\beta_n)) - f(Z_i;\ \hat\beta_n)] + [\max(\nu_{ni}) - \nu_{ni}],$$
$$i = 1,\ 2,\ \cdots,\ I;\ n = 1,\ 2,\ \cdots,\ N \quad (6-7)$$

其中，X_{ni}^A 是调整后的投入；X_{ni} 是调整前的投入；$[\max(f(Z_i;\ \hat\beta_n)) - $

$f(Z_i; \hat{\beta}_n)$]是对外部环境因素进行调整；[$\max(\nu_{ni}) - \nu_{ni}$]是将所有决策单元置于相同运气水平下。

第三阶段：将第二阶段调整后的各个投入变量 X_{ni}^A 替换第一阶段的 BC^2 模型的投入变量 X_{ni}，再次计算各个决策单元的效率值，就得到剔除了环境变量和随机扰动影响后能够准确反映管理水平的效率值。

3. DEA - windows 模型

DEA 模型一般应用于截面数据中，对于统一决策单元在不同时段的效率无法进行有效的评价。因此，Charnes 等（1984）针对 DEA 方法这一缺陷，提出 DEA - windows 模型。他指出，DEA - windows 模型是在 DEA 分析的基础上进行的移动平均分析，每个决策单元在一个 window 内会有多个效率值，也就是说在一个 window 内，每个决策单元在不同时期会被视为不同的决策单元，可以对同一个 window 内的该决策单元不同时期的效率值进行比较分析，也可以同其他决策单元在不同时期的效率进行比较分析。window 模型类似统计学上的系数平滑处理，对于时间的处理要比简单地计算时间期内的效率平均值更加自然合理。因此，根据每个 window 所包含的时期数，window 内的决策单元数量会增加，对于决策单元不足的效率分析起到有效的补充作用。在窗口的宽度上，一般学者运用 DEA - windows 模型进行分析，均选择 3 窗口或 4 窗口，本书采用大多数学者采用的 3 窗口进行具体分析。

本书将三阶段 DEA 与 DEA - windows 模型进行结合，不但剔除了决策单元由于环境因素和随机扰动对效率值的影响，还能够分析出随时间变化，效率值的演进，综合考察京津冀地区装备制造业各子行业产业升级的效率。

（二）指标体系构建

1. 投入产出指标的选取

（1）投入指标的选取。根据前文的分析，创新投入对于京津冀地区装备制造业的创新绩效具有最直接和最大的影响，因此，选取京津冀地区装备制造业各子行业的研发经费内部支出、研发人员全时当量来代表创新要素的投入水平，考虑到创新投入到产出的时滞，本书选取产出前一年的研发经费内部支出和研发人员全时当量作为创新要素投入。

根据前文的分析，外商直接投资和对外直接投资在长期对京津冀地区装备制造业具有正向的影响，而短期内外商直接投资具有正向影响，对外直接投资具有负向影响，这里考虑短期影响，选择外商直接投资增长率衡量外商资本投入水平，暂时不考虑对外直接投资的影响。

根据第五章的分析，路径 1 主要是通过降低制造环节的成本来实现附加值的提升，因此选取京津冀地区装备制造业各子行业固定资产增长率表示生产设备的投入水平，选取生产人员增长率代表生产人员的投入水平；路径 5 主要是通过区域的产业集群促进集群内企业实现整体升级，因此选取京津冀地区装备制造业各子行业区位熵来代表各子行业的产业集群发展水平。区位熵的计算公式为：

$$LQ_{ij} = \frac{q_{ij}/q_j}{q_i/q} \qquad\qquad (6-8)$$

其中，LQ_{ij} 为 j 地区 i 产业在全国的区位熵；q_{ij} 为 j 地区 i 产业的增加值；q_j 为 j 地区所有产业的增加值总和；q_i 为全国 i 产业的增加值总和；q 为所有产业的增加值总和。

LQ_{ij} 值越高，表示地区产业集群发展水平就越高，一般来说，若 $LQ_{ij} >$ 1，则认为 j 地区的区域经济在全国来说具有优势；若 $LQ_{ij} < 1$，则认为 j 地区的区域经济在全国来说具有劣势。

（2）产出指标的选取。根据第五章的分析，路径 1 的首要目的是降低制造环节的成本，因此选取京津冀地区装备制造业各子行业的主营业务成本来代表生产成本的水平；路径 4 主要是通过创造新产品，实现跨产业融合促进产业整体升级，因此选取京津冀地区装备制造业各子行业的新产品产值来代表新产品创新水平。

所有的产业升级路径都是为了实现价值链中附加值的提升和获利水平的提升，因此选取京津冀地区装备制造业各子行业的行业增加值代表价值链中附加值创造水平，选取利润总额代表价值链中盈利水平。

根据第三章到第五章的分析，京津冀地区装备制造业参与国家价值链是依附于全球价值链的，国家价值链中的产品的生产和流通均为全球价值链服务，因此选取京津冀地区装备制造业各子行业的出口值代表全球价值链参与水平。

综上，构建京津冀地区装备制造业价值链升级路径的投入产出指标体系，如表6-1所示。

表6-1 投入产出指标体系

指标类别	指标变量	指标定义	评价目的
投入指标	X_1	$t-1$ 年研发经费内部支出（亿元）	创新资金投入
	X_2	$t-1$ 年研发人员全时当量（人/年）	创新人员投入
	X_3	固定资产（亿元）	生产制造设备投入
	X_4	生产人员（人/年）	生产人员投入
	X_5	销售费用（亿元）	营销服务投入
	X_6	外商直接投资（亿元）	外商资本投入
	X_7	行业区位熵	产业集群发展水平
产出指标	Y_1	主营业务成本（亿元）	生产成本水平
	Y_2	新产品产值（亿元）	新产品创新水平
	Y_3	行业增加值（亿元）	价值链附加值水平
	Y_4	利润总额（亿元）	价值链盈利水平
	Y_5	出口值（亿元）	全球价值链参与水平

2. 环境变量的选取

环境变量的选取有两个基本的原则：第一，环境变量是决策单元（DMU）本身无法控制的变量；第二，环境变量会对决策单元（DMU）的产出产生影响。

根据第四章影响因素的分析，生产性服务业对京津冀地区装备制造业的投入会对京津冀地区装备制造业的发展产生显著的正向影响，而地区生产性服务业的发展情况是地区装备制造业无法控制的，又会对其发展产生重要的影响。因此，本书选取批发零售业、交通运输仓储和邮政业、信息传输软件和信息技术服务业、金融业、租赁和商务服务业以及科学研究和技术服务业这6个生产性服务业的固定资产投资作为环境变量，衡量生产性服务业的发展水平。

另外，政府支持对于地方产业的发展具有重要的作用，它不但能够促进产业创新、促进产学研协同创新，还能够促进产业集群发展（戴德铸，2012）。政府资金的支持是对产业发展产生最直接促进作用的政府支持方式。因此，选取京津冀地区政府扶持资金，衡量政府支持水平。

综上，共选取7个环境变量，如表6-2所示。

表6-2　环境变量

环境变量	指标定义（亿元）	评价目的
E_1	批发零售业固定资产投资	生产性服务业发展水平
E_2	交通运输仓储和邮政业固定资产投资	生产性服务业发展水平
E_3	信息传输软件和信息技术服务业固定资产投资	生产性服务业发展水平
E_4	金融业固定资产投融资	生产性服务业发展水平
E_5	租赁和商务服务业固定资产投资	生产性服务业发展水平
E_6	科学研究和技术服务业固定资产投资	生产性服务业发展水平
E_7	政府扶持资金	政府支持

3. 数据来源及处理

本节中使用的装备制造业各子行业研发经费内部支出、研发人员全时当量、新产品产值来自2009～2016年的《中国科技统计年鉴》；装备制造业各子行业的主营业务成本、固定资产总量、用工人数、销售费用、外商直接投资、行业增加值、利润总额、出口交货值、政府支持资金来自2010～2017年的《中国工业经济统计年鉴》；环境变量中的批发零售业固定资产投资、交通运输仓储和邮政业固定资产投资、信息传输软件和信息技术服务业固定资产投资、金融业固定资产投资、租赁和商务服务业固定资产投资以及科学研究和技术服务业固定资产投资来自2010～2017年的

《中国第三产业统计年鉴》。

需要说明的是，由于 2012 年行业分类的细化，才将交通运输设备制造业拆分为 C36 汽车制造业和 C37 铁路船舶航空航天和其他运输设备制造业，而 2011 年以前两个子行业合并统计，根据第五章的分类，C36 和 C37 两个子行业升级路径均为研发端功能升级，因此，本章后续分析将两个子行业合并为 C36 ~ C37 交通运输设备制造业。

（三）不同升级路径下的产业升级效率测度指标体系

第五章中构建的 5 种产业升级路径的目的和实现手段有所区别，不同装备制造业子行业也匹配不同的产业升级路径，因此，针对以上两点，本书构建不同的产业升级路径的效率测度模型。需要说明的是，根据前文的分析，链条升级路径与其他 3 种升级路径具有不可分割的关系，因此，在所有路径中均考虑路径 5 的共同作用。由于新产品升级同样需要研发要素投入，因此将路径 2 和路径 3 一并考虑。

1. 工艺流程升级路径下的产业升级效率测度指标体系

工艺流程升级路径是路径 1，同时加入链条升级路径（路径 5），匹配的装备制造业子行业为 C34 通用设备制造业、C35 专用设备制造业和 C40 仪器仪表制造业。根据指标体系构建中的依据，选取如表 6 - 3 的指标体系对路径 1 和路径 5 的效率进行测量。

表 6 - 3　路径 1 和路径 5 测量指标体系

投入指标	产出指标	环境变量
X_3 固定资产	Y_1 主营业务成本	E_1 批发零售业固定资产投资
X_4 生产人员	Y_2 新产品产值	E_2 交通运输仓储和邮政业固定资产投资
X_6 外商直接投资	Y_3 行业增加值	E_3 信息传输软件和信息技术服务业固定资产投资
	Y_4 利润总额	E_4 金融业固定资产投资
X_7 行业区位熵	Y_5 出口值	E_5 租赁和商务服务业固定资产投资
		E_6 科学研究和技术服务业固定资产投资
		E_7 政府扶持资金

2. 研发端功能升级路径下的产业升级效率测度指标体系

价值链研发端功能升级路径是路径 3，同时加入产品升级路径（路径 2）和链条升级路径（路径 5），匹配的装备制造业子行业为 C36～C37 交通运输设备制造业、C38 电气机械和器材制造业、C39 计算机通信和其他电子设备制造业。根据指标体系构建中的依据，选取如表 6-4 的指标体系对路径 2、路径 3 和路径 5 的效率进行测量。

表6-4 路径2、路径3和路径5测量指标体系

投入指标	产出指标	环境变量
X_1 研发经费内部支出	Y_2 新产品产值	E_3 信息传输软件和信息技术服务业固定资产投资
X_2 研发人员全时当量	Y_3 行业增加值	E_4 金融业固定资产投资
X_3 固定资产	Y_4 利润总额	E_6 科学研究和技术服务业固定资产投资
X_6 外商直接投资	Y_5 出口值	E_7 政府扶持资金
X_7 行业区位熵		

3. 营销服务端功能升级路径下的产业升级效率测度指标体系

价值链营销服务端功能升级路径是路径 4，同时加入链条升级路径（路径 5），匹配的装备制造业子行业为 C33 金属制品业。根据指标体系构建中的依据，选取如表 6-5 所示的指标体系对路径 4 和路径 5 的效率进行测量。

表6-5 路径4和路径5测量指标体系

投入指标	产出指标	环境变量
X_5 销售费用	Y_3 行业增加值	E_1 批发零售业固定资产投资
X_6 外商直接投资	Y_4 利润总额	E_2 交通运输仓储和邮政业固定资产投资
X_7 行业区位熵	Y_5 出口值	E_3 信息传输软件和信息技术服务业固定资产投资
		E_4 金融业固定资产投资
		E_5 租赁和商务服务业固定资产投资
		E_6 科学研究和技术服务业固定资产投资
		E_7 政府扶持资金

二、工艺流程升级路径下的产业 升级效率测度与分析

本节运用第六章第一节设计的工艺流程升级路径效率测度评价指标体系和三阶段 DEA – windows 效率测度模型，运用中国 31 个省市区的相关数据测算出京津冀地区装备制造业中 C34 通用设备制造业、C35 专用设备制造业和 C40 仪器仪表制造业 3 个子行业在工艺流程升级路径下的效率。

（一）第一阶段 DEA 效率测度

运用 Deap 2.1 软件求解，运用投入导向的 BC^2 模型，选取工艺流程升级指标体系，得到中国 31 个省市区 C34、C35 和 C40 3 个子行业在 2009 ~ 2016 年第一阶段效率值及投入指标的松弛变量，京津冀地区的情况如表 6 – 6 和表 6 – 7 所示。

表 6 – 6　第一阶段效率值

行业	效率	2009 年	2010 年	2011 年	2012 年	2013 年	2014 年	2015 年	2016 年
C34	综合效率	0.72	0.85	0.97	0.90	0.91	0.93	0.94	0.93
	纯技术效率	0.72	0.87	0.97	0.91	0.92	0.94	0.94	0.93
	规模效率	1.00	0.98	1.00	0.99	0.98	1.00	1.00	1.00
C35	综合效率	0.64	0.69	0.80	0.79	0.84	0.83	0.80	0.81
	纯技术效率	0.65	0.69	0.80	0.80	0.85	0.83	0.81	0.82
	规模效率	0.99	0.99	1.00	0.99	0.99	0.99	0.99	0.99
C40	综合效率	0.82	0.89	1.00	0.86	0.91	0.94	0.92	0.93
	纯技术效率	0.83	0.89	1.00	0.90	0.93	0.95	0.92	0.93
	规模效率	0.99	1.00	1.00	0.96	0.99	0.98	1.00	1.00

从表 6 - 6 中可以看出，在未考虑环境变量的影响之前，3 个子行业的效率均未达到效率前沿，纯技术效率均低于规模效率，说明投入利用率不足是制约 3 个子行业实现工艺流程升级的主要问题。随着时间的推移，3 个子行业的综合效率和纯技术效率均逐步提高，说明 3 个行业对投入变量的利用程度逐步加强，在工艺流程上产业升级的效率正在逐步提高。

根据表 6 - 7 可知，3 个子行业在所有投入指标上都存在投入冗余的现象，并且生产人员（X_4）的投入冗余最严重，说明这 3 个子行业的劳动生产率较低，限制了行业生产效率的提升。另外 C35 子行业中外商直接投资（X_6）的投入冗余水平较高，说明该行业对于外商投资的利用效果不好；该行业的行业区位熵（X_7）的冗余程度较高，说明京津冀地区产业集聚对于该子行业实现工艺流程升级的促进作用并不好。随着时间的推移，各子行业在各个投入指标上的投入冗余情况都有所改善，说明了各子行业对于各投入要素利用率的提升。

表 6 - 7　第一阶段投入指标的松弛变量

行业	投入变量	2009 年	2010 年	2011 年	2012 年	2013 年	2014 年	2015 年	2016 年
C34	X_3	49.63	37.13	21.71	20.13	19.99	37.54	46.81	38.65
	X_4	44800	27100	6300	12200	9600	9800	8400	11080
	X_6	21.42	14.05	0.51	4.84	2.88	1.18	1.16	2.25
	X_7	0.29	0.13	0.02	0.09	0.08	0.04	0.04	0.04
C35	X_3	48.53	51.80	38.07	107.88	115.22	150.61	149.56	151.62
	X_4	37200	34700	24100	23100	21400	22700	23700	22600
	X_6	7.57	23.65	12.31	9.66	14.95	11.75	18.13	15.63
	X_7	0.36	0.42	0.32	0.23	0.17	0.14	0.28	0.24
C40	X_3	3.55	2.94	0.00	1.51	1.09	0.90	2.65	1.63
	X_4	3900	2700	0.00	2900	1700	1800	1300	1900
	X_6	1.11	0.63	0.00	0.37	0.12	0.11	0.16	0.25
	X_7	0.17	0.10	0.00	0.12	0.04	0.05	0.05	0.06

（二）第二阶段类 SFA 回归分析

第二阶段的主要目的是要剔除环境因素和随机误差对各投入指标的影响，将各个决策单元调整至同样的环境水平中。将第一阶段得到的各投入指标的松弛变量作为因变量、环境变量作为自变量进行回归分析，运用软件 Frontier 4.1 得到的 3 个子行业回归结果如表 6-8 ~ 表 6-10 所示。

表 6-8 C34 第二阶段类 SFA 回归结果

指标	X_3	X_4	X_6	X_7
常数项	-36.4616	-1192.83	-17.0880	-0.0263
E_1	0.0591	0.6069	0.0223	0.0000
E_2	0.0056	0.4127	0.0010	0.0000
E_3	0.0185	3.9775	0.0047	0.0001
E_4	0.0740	18.6029	0.1012	-0.0001
E_5	0.0343	-17.0203	0.0089	0.0000
E_6	-0.1908	12.7980	-0.0693	-0.0003
E_7	0.0254	-1.7707	0.0160	0.0000
σ^2	5236.00	39.76	1318.4	0.0406
γ	1.00	1.00	1.00	0.9928
LR test（临界值13.4）	51.30	84.34	64.29	73.74

表 6-9 C35 第二阶段类 SFA 回归结果

指标	X_3	X_4	X_6	X_7
常数项	-44.7198	-5685.21	-8.4099	-0.0426
E_1	0.0229	7.8594	0.0129	0.0000
E_2	0.0181	1.1549	0.0010	0.0000
E_3	-0.0519	11.3619	0.0113	0.0000
E_4	-0.0288	-41.7364	-0.0137	-0.0009
E_5	0.0758	3.9425	0.0170	0.0001

续表

指标	X_3	X_4	X_6	X_7
E_6	– 0.1389	– 45.7364	– 0.0667	– 0.0001
E_7	0.0402	17.4996	0.0184	0.0002
σ^2	6092.38	8.27	380.78	0.0267
γ	1.00	1.00	1.00	0.99
LR test（临界值13.4）	53.79	59.74	64.84	47.49

表 6 – 10　C40 第二阶段类 SFA 回归结果

指标	X_3	X_4	X_6	X_7
常数项	– 2.6784	– 656.0212	– 0.3855	– 0.0624
E_1	0.0030	0.7791	0.0001	0.0000
E_2	0.0020	0.0535	– 0.0001	0.0000
E_3	– 0.0008	2.4662	0.0014	– 0.0001
E_4	– 0.0499	– 7.8060	– 0.0004	– 0.0001
E_5	0.0003	0.7759	0.0003	0.0000
E_6	– 0.0177	– 7.8161	– 0.0001	– 0.0002
E_7	0.0077	1.1667	– 0.0001	0.0001
σ^2	170.99	8100.32	7.2718	0.0615
γ	1.00	1.00	1.00	0.99
LR test（临界值13.4）	72.64	83.37	86.21	78.91

需要说明的是，本章计算使用 2009 ~ 2016 年的数据，将数据窗口宽度设为 3，因此，每个行业都存在 6 个窗口，在第二阶段的计算中，每个行业在每个窗口都会计算出一个回归结果，由于篇幅的限制，且为了不失一般性，这里显示 6 个窗口值的平均情况。

其中，γ 越接近 1，说明管理无效率占主要因素；反之，说明统计噪声（随机误差）占主要因素。各项投入指标类 SFA 的系数若为正，表示增加环境变量的投入，会导致各项投入指标松弛变量的增加，投入冗余现象更加明显；系数为负，则表示增加环境变量的投入，会导致各项投入指标松弛变量的降低，缓解投入冗余的现象。

LR 检验值若大于临界值，则表明估计有效，从表 6-8 到表 6-10 中可以看出，所有的投入指标的类 SFA 回归是必要的。3 个子行业各项投入指标的 γ 均接近 1，说明管理无效率是投入冗余的主要因素。

（三）第三阶段 DEA 效率测度

第二阶段的类 SFA 回归剔除了环境变量和随机误差的干扰，调整后的投入变量能够更加真实地估计出装备制造业各子行业的产业升级效率。运用调整后的投入产出数据，再次运用 Deap 2.1 软件，选择投入导向的 BC^2 模型进行效率测算得到优化后的产业升级效率值，如表 6-11 所示。

表 6-11　第三阶段效率值

行业	效率	2009 年	2010 年	2011 年	2012 年	2013 年	2014 年	2015 年	2016 年
C34	综合效率	0.74	0.88	0.97	0.93	0.94	0.94	0.95	0.94
	纯技术效率	0.74	0.89	0.97	0.93	0.94	0.94	0.95	0.94
	规模效率	0.99	0.99	1.00	0.99	0.99	1.00	1.00	1.00
C35	综合效率	0.80	0.84	0.87	0.83	0.83	0.84	0.82	0.83
	纯技术效率	0.80	0.85	0.88	0.84	0.83	0.84	0.82	0.83
	规模效率	1.00	0.99	0.99	0.99	1.00	1.00	1.00	1.00
C40	综合效率	0.90	0.93	1.00	0.91	0.94	0.96	0.93	0.95
	纯技术效率	0.91	0.94	1.00	0.92	0.95	0.96	0.95	0.96
	规模效率	0.99	1.00	1.00	1.00	0.99	0.99	0.98	0.99

与表 6-6 的结果对比发现，3 个子行业的综合效率值都有提升，其中纯技术效率均有所提升，规模效率部分下降，大多数为上升；C40 子行业的综合效率值提升最为明显，其中纯技术效率有较快提升，而规模效率在 2009~2014 年均有所提升，2015 年和 2016 年有一定程度的下降。

以上情况说明，在考虑环境变量的影响后，京津冀地区由于生产性服务业的发展状况较好，加之政府扶持力度较大，装备制造业 3 个子行业对于各项投入的利用效率有所改善，而投入规模却稍有不足，不能满足快速增长的产出需求。其中 C34 和 C35 子行业的纯技术效率仍然是工艺流程升级的主要掣肘，而 C40 子行业的规模效率不足成为了制约其产业升级的主要问题。

三、研发端功能升级路径下的产业升级效率测度与分析

本节运用第六章第一节设计的研发端功能升级路径效率测度评价指标体系和三阶段 DEA – windows 效率测度模型，运用中国 31 个省市区的相关数据测算出京津冀地区装备制造业中 C36 ～ C37 交通运输设备制造业、C38 电气机械和器材制造业和 C39 计算机通信和其他电子设备制造业 4 个子行业在 2009 ～ 2016 年研发端功能升级路径下的效率。

（一）第一阶段 DEA 效率测度

运用 Deap 2. 1 软件求解，运用投入导向的 BC^2 模型选取研发端功能升级指标体系，得到中国 31 个省市区 C36 ～ C37、C38 和 C39 4 个子行业的第一阶段效率值及投入指标的松弛变量，京津冀地区的情况如表 6 – 12 和表6 – 13 所示。

表 6 – 12　第一阶段效率值

行业	效率	2009 年	2010 年	2011 年	2012 年	2013 年	2014 年	2015 年	2016 年
C36 ～ C37	综合效率	0. 82	0. 89	0. 96	0. 89	0. 92	0. 94	0. 89	0. 90
	纯技术效率	0. 84	0. 91	0. 97	0. 91	0. 93	0. 96	0. 90	0. 91
	规模效率	0. 97	0. 98	0. 99	0. 98	0. 98	0. 99	0. 99	0. 99

行业	效率	2009 年	2010 年	2011 年	2012 年	2013 年	2014 年	2015 年	2016 年
C38	综合效率	0.68	0.81	0.88	0.76	0.85	0.89	0.86	0.88
	纯技术效率	0.72	0.88	0.90	0.78	0.86	0.90	0.88	0.90
	规模效率	0.95	0.92	0.98	0.97	0.98	0.99	0.98	0.98
C39	综合效率	0.64	0.71	0.84	0.75	0.80	0.83	0.69	0.74
	纯技术效率	0.67	0.72	0.85	0.76	0.80	0.84	0.71	0.75
	规模效率	0.94	0.98	0.98	0.98	0.99	0.99	0.98	0.99

从表 6 - 12 中可以看出，在未考虑环境变量的影响之前，C36 ~ C37 子行业的效率水平较高，综合效率、纯技术效率和规模效率在研究期间内均高于 C38 和 C39 两个子行业。4 个子行业的规模效率都具有较高的水平，C36 ~ C37 和 C38 3 个子行业综合效率和纯技术效率呈现先升后降的波动变化态势，而 C39 子行业在 2011 年达到极值，随后综合效率和纯技术效率逐步下降，说明投入利用率不足是制约 3 个子行业实现价值链研发端功能升级的主要问题。且技术效率提升的情况并不稳定，尤其是 C39 子行业，作为京津冀地区装备制造业中参与双重价值链程度最深、附加值较高的子行业，其纯技术效率一直维持在 0.7 左右的水平，综合效率在 2015 年最低，仅为 0.69，对于投入变量的利用不足严重制约了产业实现研发端功能升级。

表 6 - 13 列出了 4 个子行业在第一阶段效率测度后，5 个投入变量与投入变量目标值之间的差距，也就是投入松弛变量的情况。从表 6 - 13 可以看出，4 个子行业均存在投入冗余的情况。

表 6 - 13　第一阶段投入松弛变量

行业	投入变量	2009 年	2010 年	2011 年	2012 年	2013 年	2014 年	2015 年	2016 年
C36 ~ C37	X_1	3.84	1.27	1.14	2.97	2.62	1.23	3.25	2.95
	X_2	3351.4	898.8	748.03	1214.2	1248.7	1083.1	1853.4	1562.4
	X_3	46.49	40.62	10.92	45.29	54.40	61.26	96.39	87.62
	X_6	5.15	4.56	1.13	10.96	8.79	6.37	12.62	13.51
	X_7	0.33	0.17	0.02	0.18	0.13	0.10	0.12	0.13

续表

行业	投入变量	2009 年	2010 年	2011 年	2012 年	2013 年	2014 年	2015 年	2016 年
C38	X_1	6.80	1.50	2.04	6.12	4.41	3.23	3.17	4.25
	X_2	2804.7	838.9	47.4	2411.2	1410.8	984.7	1388.9	1284.6
	X_3	57.40	60.29	76.36	112.01	66.55	51.14	60.60	55.60
	X_6	15.82	21.99	8.81	24.27	23.70	20.10	7.47	19.65
	X_7	0.22	0.09	0.08	0.14	0.16	0.07	0.09	0.08
C39	X_1	10.69	4.54	2.70	6.91	5.87	5.54	11.96	10.36
	X_2	5875.5	2198.1	1324.5	2564.2	2580.7	2199.7	4022.6	2536.9
	X_3	62.69	49.47	18.57	81.30	60.25	61.79	255.45	94.49
	X_6	97.84	57.43	5.29	53.14	33.35	30.33	56.38	64.58
	X_7	0.34	0.30	0.17	0.22	0.19	0.16	0.31	0.21

在 5 个投入指标中，研发人员全时当量（X_2）的投入冗余最严重，3 个子行业的研发人员全时当量（X_2）冗余人数在研究期间平均达到 1174 人、1412 人和 2966 人，说明这 3 个子行业研发人员全时当量的劳动生产率非常低，尤其是 C39 子行业，严重制约了通过研发实现产业升级。固定资产（X_3）投入的冗余是影响产业升级的第二大掣肘因素，在 C39 子行业最为严重，说明了 3 个子行业的制造设备的生产效率较低，不能满足产业的需求。另外，C36 ~ C37 子行业中外商直接投资（X_6）的冗余程度较高，说明该子行业对外商投资的利用效果欠佳，行业区位熵（X_7）的冗余程度较高，说明产业集聚对促进该子行业价值链研发端功能升级的效果并不明显。

（二）第二阶段类 SFA 回归分析

第二阶段的测算运用软件 Frontier 4.1，以环境变量为自变量，对 4 个子行业在 6 个时间窗口下的投入松弛变量进行回归分析，结果如表 6 – 14 ~ 表 6 – 16 所示。由于每个行业存在 6 个窗口的数据，为了不失一般性且显示出自变量回归的整体情况，仅显示 6 个窗口回归结果的平均值。

表 6 – 14　C36 ~ C37 第二阶段类 SFA 回归结果

指标	X_1	X_2	X_3	X_6	X_7
常数项	– 0.0125	– 1052.92	– 86.9519	– 0.4614	– 0.0090
E_3	– 0.0013	1.9752	– 0.0161	0.0016	0.0000
E_4	0.0037	11.4372	1.0523	– 0.0059	– 0.0001
E_6	– 0.0012	– 2.0439	– 0.0564	0.0000	0.0000
E_7	– 0.0016	– 0.4924	0.0599	– 0.0003	– 0.0001
σ^2	54.9048	12859852	33046	167.76	0.0205
γ	1.00	1.00	0.99	1.00	1.00
LR test(临界值 8.76)	79.80	51.36	51.34	75.25	62.74

表 6 – 15　C38 第二阶段类 SFA 回归结果

指标	X_1	X_2	X_3	X_6	X_7
常数项	– 1.2365	– 1720.30	– 48.3702	– 1.5047	– 0.0238
E_3	0.0070	4.4489	0.0578	– 0.0213	0.0000
E_4	0.0020	5.9439	0.4155	– 0.0061	0.0003
E_6	0.0049	2.1626	0.0142	– 0.0096	– 0.0001
E_7	– 0.0014	0.4972	– 0.0295	0.0047	0.0000
σ^2	35.3163	8170096	7223.83	483.65	0.0254
γ	1.00	0.96	1.00	1.00	1.00
LR test(临界值 8.76)	61.43	33.79	47.15	77.66	62.72

表 6 – 16　C39 第二阶段类 SFA 回归结果

指标	X_1	X_2	X_3	X_6	X_7
常数项	– 0.7363	– 2009.59	– 45.3674	– 53.9718	– 0.0217
E_3	0.0012	4.7871	0.0475	0.1637	0.0000
E_4	0.0170	– 15.0855	0.2260	0.0038	– 0.0003
E_6	– 0.0034	3.8933	– 0.0309	0.0343	0.0000
E_7	0.0006	2.3722	0.0301	0.0683	0.0001
σ^2	70.67	19323915	25332	11744	0.0249
γ	1.00	1.00	1.00	1.00	1.00
LR test(临界值 8.76)	83.62	45.60	74.03	73.18	60.78

从表 6 – 14 到表 6 – 16 可以看出，4 个子行业所有的投入指标的类 SFA 回归的 LR 检验值均大于临界值，说明类 SFA 回归是必要的。4 个子行业各项投入指标的 γ 均接近 1，说明管理无效率是投入冗余的主要因素。

（三）第三阶段 DEA 效率测度

第二阶段的类 SFA 回归剔除了环境变量和随机误差的干扰，调整后的投入变量能够更加真实地估计出装备制造业各子行业的产业升级效率。运用调整后的投入产出数据再次运用 Deap 2.1 软件，选择投入导向的 BC^2 模型进行效率测算得到优化后的产业升级效率值，如表 6 – 17 所示。

表 6 – 17　第三阶段效率值

行业	效率	2009 年	2010 年	2011 年	2012 年	2013 年	2014 年	2015 年	2016 年
C36 ~ C37	综合效率	0.80	0.90	0.94	0.90	0.93	0.95	0.89	0.96
	纯技术效率	0.86	0.93	0.98	0.92	0.94	0.96	0.90	0.97
	规模效率	0.92	0.96	0.96	0.97	0.98	0.99	0.99	0.99
C38	综合效率	0.61	0.84	0.86	0.73	0.83	0.88	0.86	0.87
	纯技术效率	0.67	0.86	0.94	0.85	0.91	0.91	0.88	0.89
	规模效率	0.91	0.98	0.91	0.86	0.91	0.97	0.97	0.98
C39	综合效率	0.63	0.71	0.83	0.75	0.80	0.81	0.70	0.76
	纯技术效率	0.79	0.90	0.92	0.83	0.82	0.85	0.75	0.80
	规模效率	0.78	0.76	0.89	0.91	0.96	0.95	0.92	0.95

与表 6 – 12 的结果对比发现，C36 ~ C37 行业综合效率仍在 3 个行业中遥遥领先，说明京津冀地区 C36 ~ C37 子行业在价值链研发端功能升级具有较好的效果。C36 ~ C37 子行业的综合效率逐年上升，在 2015 年有一定幅度的下降，研究期间纯技术效率有一定程度的提升，而规模效率出现了小幅度的下降，说明在考虑了环境变量和随机误差的影响后，京津冀地区 C36 ~ C37 子行业在投入的利用效率上水平下降，而投入规模水平有所提升，其规模报酬也由不变变为了递增。C38 和 C39 两个子行业综合效率除

了 2015 年和 2016 年以外，其他年份均有一定程度的下降，其中纯技术效率有所提升，而规模效率均有所下降，说明考虑环境变量的影响后，该子行业的效率状况改善，处于逐步迈向效率前沿面的过程中，规模效率水平已经很高，仍需努力提高各项投入的利用率，提升纯技术效率，才能更好地实现价值链研发端功能升级。其中 C39 子行业的纯技术效率有所提升，但规模效率下降严重，成为效率相对薄弱环节，说明在 C39 子行业仍需提高创新要素及生产方面的投入，同时也要进一步提升投入要素的利用效率，努力达到价值链研发端功能升级的要求。

四、营销服务端功能升级路径下的产业升级效率测度与分析

本节运用第六章第一节设计的营销服务端功能升级路径效率测度评价指标体系和效率测度模型，运用中国 31 个省市区的相关数据测算出京津冀地区装备制造业中 C33 金属制品业在营销服务端功能升级路径下的效率。

（一）第一阶段 DEA 效率测度

运用 Deap 2.1 软件求解，运用投入导向的 BC^2 模型，选取营销服务端功能升级指标体系，得到中国 31 个省市区 C33 子行业的第一阶段效率值及投入指标的松弛变量，京津冀地区的情况如表 6 - 18 和表 6 - 19 所示。

表 6 - 18　第一阶段效率值

行业	效率	2009 年	2010 年	2011 年	2012 年	2013 年	2014 年	2015 年	2016 年
C33	综合效率	0.60	0.61	0.70	0.77	0.68	0.64	0.53	0.59
	纯技术效率	0.60	0.62	0.72	0.79	0.68	0.65	0.55	0.61
	规模效率	0.99	0.96	0.97	0.98	0.97	0.96	0.92	0.96

在未考虑环境变量的影响时，C33 子行业的效率未达到效率前沿，各项效率中纯技术效率远低于规模效率，说明投入利用率不足是制约 C33 子行业实现营销服务端功能升级的主要原因。

表 6 - 19　第一阶段投入松弛变量

行业	投入变量	2009 年	2010 年	2011 年	2012 年	2013 年	2014 年	2015 年	2016 年
C33	X_5	3.98	4.95	4.13	2.34	3.99	4.85	0.55	4.25
	X_6	7.54	5.85	3.40	2.33	5.39	4.63	7.12	6.17
	X_7	0.62	0.52	0.40	0.32	0.45	0.49	0.59	0.62

从表 6 - 19 可知，C33 子行业 3 个投入变量均存在投入冗余现象，其中外商直接投资（X_6）的冗余程度强于其他两个投入变量，行业区位熵（X_7）的冗余程度很高，说明京津冀地区产业集聚对该子行业实现价值链营销服务端功能升级的促进作用不佳。

（二）第二阶段类 SFA 回归分析

将第一阶段得到的各投入指标的松弛变量作为因变量、环境变量作为自变量进行回归分析，运用软件 Frontier 4.1 得到的 3 个子行业回归结果如表 6 - 20 所示。

表 6 - 20　C33 第二阶段类 SFA 回归结果

指标	X_5	X_6	X_7
常数项	- 1.2189	- 3.7813	- 0.0111
E_1	- 0.0004	0.0022	- 0.0001
E_2	0.0000	- 0.0007	0.0000
E_3	0.0018	0.0105	- 0.0001
E_4	- 0.0050	0.0070	0.0005
E_5	0.0004	0.0035	- 0.0001

指标	X_5	X_6	X_7
E_6	-0.0028	-0.0171	0.0000
E_7	0.0078	0.0118	0.0009
σ^2	110.63	303.44	0.1595
γ	1.00	1.00	0.99
LR test（临界值13.4）	56.76	72.49	52.71

从表6-20可知，3个投入变量回归的结果中，LR检验值均大于临界值，说明类SFA估计是必要的。C33子行业各项投入指标的γ均接近1，说明管理无效率是投入冗余的主要因素。

（三）第三阶段DEA效率测度

运用调整后的投入产出数据，再次运用Deap 2.1软件选择投入导向的BC^2模型进行效率测算得到优化后的产业升级效率值，如表6-21所示。

表6-21　第三阶段效率值

行业	效率	2009年	2010年	2011年	2012年	2013年	2014年	2015年	2016年
C33	综合效率	0.56	0.62	0.73	0.80	0.70	0.69	0.64	0.60
	纯技术效率	0.90	0.91	0.89	0.87	0.79	0.80	0.96	0.93
	规模效率	0.63	0.68	0.83	0.90	0.86	0.82	0.66	0.65

与表6-18的结果对比发现，随着时间的推移，C33子行业的综合效率逐步提高，其中纯技术效率提升较快，2009年三阶段效率值比一阶段效率值高出0.293，到2016年增长值达到0.3215，而规模效率在研究期间均有较大程度的下降，2009年由0.99下降为0.63，2016年由0.96下降为0.65，低于纯技术效率成为制约C33子行业实现价值链营销服务端功能升级的主要掣肘因素，规模报酬也由递减状态转变为递增状态。

　　以上情况说明，在考虑环境变量和随机干扰的影响后，京津冀地区 C33 子行业的营销服务投入规模不足的情况加剧，投入水平达不到实现价值链营销服务端功能升级的要求，另外对于投入的利用效率也明显低于其他 7 个装备制造业子行业，仍需要提升投入的利用率，两方面共同努力，实现行业沿价值链研发服务端实现功能升级的目标。

第七章

促进京津冀地区装备制造业
产业升级的政策建议

本书研究的根本目的是为了促进京津冀地区装备制造业在双重价值链中实现转型升级，能够创造更多的附加值并获取更多的利润。根据前文的分析，京津冀地区装备制造业在双重价值链中的地位、产业升级的效率仍需提升，创新、生产性服务业、IFDI和产业集群等对于京津冀地区装备制造业产业升级的机制效果仍需完善，因此就前文分析涉及的问题，本章从政策角度提出促进的建议。

一、提升京津冀地区装备制造业双重价值链地位

（一）提升全球价值链地位

中国产业在全球价值链中长期处于低端锁定的状态，已经严重制约了经济和产业的发展，根据第三章的研究，京津冀地区装备制造业各子行业在全球价值链中虽然参与度较高，但是地位水平较低，且前向参与度远远高于后向参与度，说明京津冀地区装备制造业被牢牢地锁定在全球价值链的低附加值环节。面对这种状况，京津冀地区装备制造业要充分利用国家

的政策红利，抓住国家产业转型升级的历史契机，以提升其在全球价值链中的地位。

首先，要平衡进出口状况。过去出口作为拉动经济的"三驾马车"之一，推动了中国对外贸易的飞速发展，然而全球经济形势已经发生了变化，我国也处于"经济增长换挡期"、"结构调整阵痛期"和"前期刺激政策消化期"三期叠加的特殊时期。面对如此形势，京津冀地区应该调整以往的出口导向战略，逐步加大进口的力度。进口商品能够满足国内人民日益增长的消费需求，在扩大内需的同时，对于技术和生产要素的进口也能够促进京津冀地区装备制造业技术水平的提升。

其次，要在"一带一路"倡议和中国—东盟经贸合作战略中为京津冀经济发展带来新的活力。对于中国周边国家和地区的开放政策，对于京津冀地区和中国整体对外开放进程必将起到巨大的推动作用。同时，对于京津冀地区经济发展也会是一个契机，成为重塑京津冀地区在全球价值链中地位的重要枢纽。"一带一路"沿线国家和地区，工业化水平和装备制造业基础相对落后，存在巨大市场空间，京津冀地区通过"一带一路"倡议与沿线国家建立互惠互赢的产业关联，企业借国家"装备外交"东风，积极构建"朋友圈"，推进装备制造业"走出去"。不但能够促进京津冀地区装备制造业扩大规模、提高生产能力，还能够健全京津冀地区装备制造业的产业体系，推进产业基础设施建设，形成以点带面的发展局面，推进京津冀地区装备制造业产品输出，向下游拉长产业链，推进京津冀地区装备制造业的发展。

再次，要在"中国制造2025"战略中，把握京津冀地区装备制造业发展的重要机遇。京津冀地区装备制造业要依托"中国制造2025"的规划，推进"互联网＋"和"两化融合"向智能装备制造发展，同时还要注重节能减排，推行绿色装备制造的发展。提升产业附加值，推进京津冀地区装备制造业在全球价值链中的地位。

最后，要推进京津冀地区装备制造业参与具有强外部性和创新性的产业创新链的上游环节；在产品制造和研发环节，推进新技术和新产品的研发。以政府为推手，以企业为主导，落实竞争政策在产业升级中的基础性地位，推进装备制造业共性技术的研发，提升创新效率，促进京津冀地区装备制造业向全球价值链的高附加值两端攀升。

（二）提升国家价值链地位

根据第三章的研究，京津冀地区装备制造业在国家价值链中的地位和参与度均高于长三角地区、略低于珠三角地区。京津冀地区装备制造业要发挥沿海地区在对外开放政策中的先导作用，在全球价值链的参与中提升京津冀地区装备制造业的资源整合能力、提升核心竞争和产业优势。在实现一定程度的产业升级并提升一部分自主创新能力之后，逐步与中西部内陆地区在产业上形成对接和转移，发挥京津冀地区装备制造业作为区域实现区域经济一体化和协调发展的作用，促进相对独立的国家价值链形成。

京津冀地区装备制造业要有阶段、有重点地参与双重价值链分工，帮助京津冀地区装备制造业实现全球价值链攀升与区域协调发展的双重目标。在当前京津冀地区装备制造业创新能力不强、关键和核心零部件无法生产的状态下，继续追求全球价值链地位攀升的目标是有偏的。京津冀地区装备制造业要最终实现全球价值链的攀升应经历两个阶段的发展：第一阶段，在参与全球价值链的同时，重点构筑相对独立的国家价值链。发挥中西部地区的劳动力及资源优势，将产品组装和加工等环节向中西部地区转移，东部地区凭借其积累的技术优势加快实现创新驱动发展，向研发设计等高附加值生产环节攀升。相对于装备制造业同时参与双重价值链分工的模式，在国内范围内构筑产品生产、设计到服务、营销的相对完整的国家价值链。第二阶段，在完善国家价值链的同时，提升全球价值链分工地位。国家价值链的完善要实现东部带动中西部的创新驱动转型，逐步实现区域协调发展。与此同时，依托国家价值链建立起积累的技术优势，我国装备制造业可以摆脱发达国家主导的"俘获"型价值链，逐步向全球价值链高附加值两端攀升。

二、完善要素禀赋结构以提升
京津冀地区比较优势

（一）完善要素禀赋结构

产业结构升级的最快路径是促进要素禀赋结构升级，推动行业沿着技术阶梯升级。京津冀地区装备制造业的过渡行业（C34、C36 和 C39）在研究期间要素禀赋水平较低且稳定，过渡行业应在现有劳动力相对密集型比较优势的基础上，通过技术移植模式加自主创新方式，提升行业技术资本要素密集程度。然而仅仅依靠技术移植，区域内装备制造业难以形成自己的核心技术，因此通过技术引进和自主创新结合的方式，形成本土装备制造业一定的竞争优势，并逐步培育本土研发创新能力，降低外部技术的依赖程度。

资本密集型行业是区域内资本相对密集的行业，其技术资本具有一定的比较优势。京津冀地区装备制造业的资本密集型行业（C33、C35、C37、C38 和 C40）在研究期间内要素禀赋水平不断提高，但是置身于国家价值链或全球价值链中，京津冀地区装备制造业的资本密集型行业仍需提升技术资本要素的质量，可以采用自主创新加全球合作的模式，依靠资本密集型企业自主突破性创新，通过区域内大型企业带动中小型企业，形成产业集群，以带动区域装备制造业整体实现技术升级。

（二）改善和调高要素配置效率

市场当中的专业化分工往往会提高交易费用，而完善市场机制有利于降低交易成本，并增加要素的流通性，促进要素价格均等化。从要素禀赋来看，京津冀地区装备制造业过渡行业和资本密集型行业虽然具备了一定的资本密集型特点，但是仍需要提升资本要素的使用效率。要素禀赋配置效率的提升主要包括提高生产专业化程度和改善要素配置的机制两方面内容。

京津冀地区要专注于装备制造业产业结构的多样化、产业分工的细化以及区域分工的有序化。京津冀地区装备制造业分工的深入可以通过产品多样化和生产专业化的提高来促进，生产专业化能够有效改善区域要素禀赋效率，同时能够降低要素价格升高可能带来的负面影响。区域分工的有序进行还能够有效避免资源的浪费和重复建设问题。

要素配置机制的改善其实是一个激励、竞争和市场机制完善的过程。由于专业化分工往往带来交易费用的增加，完善的市场机制有利于减少交易成本，增加要素的流动性，推动要素价格均等化。要完善市场经济，提高企业的技术创新能力，也要重视企业之间的合作与竞争。不过在京津冀地区，由于资本密集型装备制造业企业多数为大型国有企业，要推动企业之间的合作与竞争，提高企业的资本配置效率，不仅是市场问题，也是制度问题。通过制度改革，通过竞争提高企业技术和生产效率也是要素禀赋升级的重要途径。

三、创新驱动京津冀地区装备制造业产业升级

（一）提升技术创新能力

根据本书第四章第一节的研究，技术创新能力是推动京津冀地区装备制造业创新绩效提升的最主要因素，也是价值链微笑曲线中研发端产业升级的最主要驱动力。第六章第三节中研究人员和研究经费在京津冀地区装备制造业实现研发端功能升级的过程中存在投入冗余现象，京津冀地区装

备制造业要建立完善的技术创新体系，提升创新投入的利用效率，就应该以装备制造业企业为主要抓手，强化企业在关键零部件和核心技术上的技术水平。

首先，京津冀地区装备制造业要认清实行技术创新投入是未来收益的隐形成本，是为了企业培养长期核心竞争力，提高国内外市场控制能力，攀升双重价值链的重要途径。若公司制度不完善，经理人的企业家精神不足，就会导致公司盲目追求眼前利益，而忽视了企业的长远发展，不但不能使企业在激烈的市场竞争中获得成功，也会对京津冀地区整体的经济发展产生不利影响。

其次，要推进共性技术和关键技术的研发，这是价值链微笑曲线实现研发端功能升级和新产品产业升级的基础和关键环节。因此，京津冀地区装备制造业要针对产品创新的共性技术、各个子行业发展的基础技术、零部件生产的关键技术，建设企业的装备制造业技术创新中心、技术研究院以及技术开发中心等技术研究机构和部门；依托京津冀地区装备制造业领军企业、行业协会、高校、研究所等基础研究机构建立产学研协同创新基地；依托国家重点实验室、工程中心等构建开放共享的技术创新平台。这样有利于京津冀地区装备制造业研发高端产品、开发关键技术，加快形成高端化、高附加值、高新化的产业体系，提高京津冀地区装备制造业的技术水平和国内、国际市场竞争力。

最后，要利用"大智移云"等信息技术，对传统制造模式进行改造升级。京津冀地区传统装备制造业要利用大数据、云计算、物联网等先进的信息技术手段，实现向"互联网＋装备制造业"发展模式的转变，将互联网平台和信息通信技术，融合到京津冀地区装备制造业产品生产全过程。同时利用云计算和大数据技术对客户进行分析，以需求为导向，在计算智能、柔性制造的基础上，针对国内外不同需求，实现大规模定制和个性化生产，加强产品全生命周期的管理、加强客户关系和供应链系统的管理，全面提升京津冀地区装备制造业的管理水平，提高京津冀地区装备制造业的创新能力、生产效率和资源利用率，创造具有新产品、新业态、新模式的现代装备制造体系。

（二）提高人才素质

京津冀地区装备制造业实现价值链微笑曲线研发端、新产品产业升级的关键在于技术创新，而技术创新依托高素质人才。提高京津冀地区的人才素质，对于京津冀地区装备制造业的产业升级具有至关重要的作用。

首先，要加快教育和科研体制的改革。高端院校和科研院所要根据企业的需要，有针对性地加大工程类硕士、博士的培养，培养方案中要根据企业实际生产和技术需求，设置教学课程和实践训练，为京津冀地区高端装备制造业的发展提供专业和急需人才。

其次，要调整收入分配制度，为高素质人才提供优良的发展环境。政府要设置高素质人才基金，完善股权激励、技术入股、收益奖励以及社保、配偶就业、子女上学、住房等方面的优惠政策，引导高素质人才和高端人才向装备制造业企业流动，同时吸引海归的高素质人才、高校、科研院所等高端人才向装备制造业企业流动。

最后，要加强对京津冀地区装备制造业企业中的职工和技术工人进行管理和培训，提高现有企业中生产和研发人员的素质。加大对京津冀地区装备制造业企业职工的技能管理培训补贴，健全和完善职工技能培训体系，开展专业化和有针对性的技能培训，提升职工素质。

（三）促进京津冀地区装备制造业实现"三链"融合

京津冀地区装备制造业产业升级是京津冀协同发展的重要环节，装备制造业子行业在根据各自要素禀赋实现升级的同时，要配合装备制造业产业结构的改善，并逐步实现产业链、创新链、价值链"三链"的耦合发展。

首先，要完善装备制造业发展格局。京津冀地区要根据自身基础和条件，着力发展有潜力的企业，以技术创新为主要驱动力，针对低端价值链环节，进行关键环节技术、核心零部件、系统集成技术和重大共性技术的研发并实现突破，形成鲜明的地区特色和独特的竞争优势，完善京津冀地区高端装备制造业的发展格局。

其次，要促进装备制造业产业链、创新链、价值链融合。京津冀地区装备制造业的升级，要借助京津冀一体化的契机，实现产业链、创新链和价值链的融合，形成网络联动促进装备制造业升级，通过三链融合减少创新活动的不确定性和消极影响，增强技术创新的系统整合性，促进从基础研究到产品创新环节中主体的通力合作。

最后，要对地区装备制造业子行业重点领域和关键环节引导创新资源投入与整合，提高产业链与价值链的协同程度、系统集成，以取得突破性进展；同时装备制造业产业要通过产业集聚形成网络创新链，通过官、产、学、研等机构的协同提高创新资源的使用效率，依托创新链提升价值链，通过协同创新增强装备制造业的产业竞争优势，使其逐步占据产业价值链的高端领域。

（四）建立和健全知识产权保护制度

京津冀地区装备制造业在双重价值链中的地位和参与度的情况，表明其被锁定在全球价值链的低附加值环节，呈现"低端锁定"的现状。其主要从事的是全球价值链中低附加值的产品加工和组装任务分工，国家价值链中装备制造业行业间的技术溢出效应不明显，而产业的知识产权保护机制又不健全、相关法律制度不完善，导致京津冀地区装备制造业与国外先进装备制造业的技术差距愈发明显，差距进一步拉大。因此，立法部门要重新理顺装备制造业相关的现行法律，对于不合理和不符合产业发展要求的法律要进行调整和重新制定，推进国内立法与国际和发达国家立法的接轨，对于侵权、损失的判定和赔偿等具体法律要进行具体和明确的认定。加大对侵犯装备制造业知识产权行为的打击和惩罚力度，提高侵权企业的侵权成本。同时，要建立和健全知识产权信息和数据库，加强对装备制造业核心产业和企业的技术保护力度，帮助装备制造业企业做好知识产权的维权工作。

四、生产性服务业与京津冀地区装备制造业融合驱动产业升级

根据第四章第二节的分析,生产性服务业对京津冀地区装备制造业具有正向的带动作用,能够促进京津冀地区装备制造业的发展。但是由于生产性服务业的发展尚不健全,还属于新兴产业。生产性服务业发展中还存在着企业数量有限、市场占有率不高等问题。为了促进京津冀地区装备制造业的发展,生产性服务业仍需从以下几方面进一步发展。

首先,在发展资金方面,政府应该发挥带头和引领作用,鼓励民间资本进入生产性服务业领域。政府要降低生产性服务业的行政门槛和准入门槛,提高政府审批效率,减少审批程序;设立相关法律和规定,降低行业行政壁垒和技术壁垒。这样,才能激励民间资本积极涌入生产性服务业中。

其次,完善生产性服务业发展的相关配套法律法规,在行业进入、市场竞争和监管等方面加入法律的规范,对服务标准、信誉评估、资质认证等方面加强规范管理,使京津冀地区生产性服务业形成健康、规范的产业发展格局。鼓励行业协会的设立,通过民间行业协会的自律性,维护生产性服务业市场的秩序、制定相应的行业标准,形成企业和政府之间沟通和交流的中介和桥梁。

再次,建立公平竞争、公开透明的市场监管体制,对于生产性服务业实行统筹管理和整体规划,缩减对于生产性服务业的行政收费项目,强化对于生产性服务业的认证体系制度,对于高端、具有影响力和带动作用的生产性服务业企业要给予相应的优惠政策和财政补贴,建立示范效应,促进其他生产性服务业企业的发展。

最后，根据亚洲投资银行的估计，预计到 2020 年，亚洲国家投入到基础设施建设当中的资金将会超过每年 7000 亿美元。亚洲的发展中国家和新兴国家较多，且多为"一带一路"沿线国家，这些国家的基础工业发展速度要滞后于我国，对我国发展较好的铁路、电信等装备制造业的需求旺盛。京津冀地区可以借此机遇，推进生产性服务业与装备制造业融合实现"走出去"，促进生产性服务业与装备制造业融合发展，推进京津冀地区装备制造业与生产性服务业的联动优化和产业升级，推进装备制造业由生产型装备制造业向服务型装备制造业的转化。

五、IFDI技术溢出促进京津冀地区装备制造业产业升级

根据第四章第三节的研究，外商直接投资（IFDI）无论在短期和长期内，对于京津冀地区装备制造业都有明显的促进作用。而且很多研究均表明，IFDI 对于企业具有明显的技术溢出效应，能够促进企业的发展和转型升级（黄新飞，2018）。对于跨国公司与东道国的溢出效应，有两种相悖的论点：跨国公司为了守住其技术上的优势，防止被东道国模仿抄袭，形成技术追赶甚至赶超，会有意地阻止对东道国可能产生技术溢出效应的行为；与此相反，跨国公司为了与东道国同行业抢夺东道国本土市场，防止东道国同类产品的替代效应，则会加强与东道国上下游企业或产业之间的关联，有意地促进技术溢出，提升其产品在东道国市场的竞争力。把握和利用跨国公司的这一特性，对于京津冀地区装备制造业获取 IFDI 技术溢出效应具有至关重要的作用。政府可以根据京津冀地区装备制造业的行业特点和技术需求，有选择性地设置 IFDI 准入制度、优惠政策和产业倾斜政策，拉长目标产业的产业链，引导外商投资企业进入，为京津冀地区装备

制造业提供急需的资本和技术。同时，引导京津冀地区装备制造业积极地为外商投资企业提供上下游配套和服务，推动京津冀地区装备制造业获取先进技术，实现产业升级。通过与外商投资企业的合作，建立上下游联系，通过"干中学"效应，通过 IFDI 技术溢出效应学习外商投资企业的先进技术，利用其市场渠道将企业产品打入国际市场，获取国际市场份额，同时也提升在本土产业中的竞争力。

在外商投资企业的合作中，有以下两点需要注意：第一，在与外商投资企业建立上下游产业联系时，外商投资企业往往倾向于构建原材料和基础零部件的后向产业联系，避免或者限制东道国产业参与高附加值的技术研发、新产品或市场销售等方面的产业联系。因此，京津冀地区装备制造业在与外商投资企业合作时，要努力参与或争取参与到这些高附加值环节中。第二，发挥产业集群和龙头企业的带动作用，由于京津冀地区装备制造业在全球价值链中的参与度和地位水平差距悬殊，说明京津冀地区装备制造业整体技术水平与国外先进技术水平存在较大的差距，因此要依托京津冀地区装备制造业的产业集群和领头企业，支持领头企业率先与外商投资企业建立上下游联系，通过 IFDI 技术溢出效应提升其技术水平和产品开发能力，再通过产业集群，实现领头企业带动其他技术落后企业，促进产业集群内企业实现整体技术升级的目标。

六、产业集聚促进京津冀地区装备制造业产业升级

根据本书第五章的分析，产业集群升级是实现京津冀地区装备制造业实现价值链微笑曲线整体升级的路径之一。新经济地理学认为，技术溢出一方面导致产业集聚现象，另一方面产业集聚可以强化产业链之间的相互

联系，促进区域内企业的分工协作，带来技术与信息的溢出优势，而成为吸引外商投资的重要条件和提高国际技术溢出效果的重要手段。产业集群促进京津冀地区装备制造业产业升级，需要从以下几方面入手：

首先，京津冀地区要建立科学的产业集群发展规划，统筹京津冀地区装备制造业的行业发展规划和产业集群发展规划；统筹京津冀地区装备制造业核心企业的发展规划和产业集群的发展规划；统筹产业集群内装备制造业不同企业间的定位。

其次，促进产业集群融入全球和国家生产网络体系中。20 世纪 80 年代，中国台湾地区为了吸引外商投资，将本地生产网络与全球生产网络协调整合，规划并建立了新竹工业园。该园区获得巨大成功，迅速发展成为兼具设计、改造和应用能力的全球第三大集成电路生产基地。中国台湾地区的经验表明，只有将本地产业集群与全球生产网络相结合，利用产业集群间企业的上下游联系和分工协作关系，参与全球价值链分工，才有可能获取发达国家的技术溢出，实现产业集群内企业的整体转型和升级。

最后，完善产业集群的内在机制。产业集群内的企业不但存在相互分工、协作的合作关系，也存在竞争关系。只有完善产业集群内在机制，协调合作和竞争关系，建立产业集群内企业间的上下游联系，形成有机协作的统一体和专业化的分工网络，创立良好的竞争协作环境，才能够推进产业集群整体参与国内竞争和国际竞争，真正发挥产业集群的集聚优势，推进产业集群内企业实现整体升级。

结　语

随着经济全球化的不断深入，产品的生产在全球范围内被分解，一个产品的生产涉及多个国家或地区，某一个国家和地区可能仅涉及产品价值链全过程中的一个或几个环节进行价值创造。同时，随着区域一体化的发展，国家价值链与全球价值链逐步连接并融合，以区域为主体会同时参与到由全球价值链和国家价值链共同构成的双重价值链分工体系中。区域的产业在双重价值链体系中如何实现产业升级，占领高附加值、高利润环节成为了区域经济发展的重要问题。本书在双重价值链视角下，以京津冀地区装备制造业为主体，讨论了产业升级的现状、产业升级的主要影响因素及其影响机制、产业升级的路径和产业升级的效率等问题，研究京津冀地区装备制造业在国内竞争和全球竞争中如何实现产业发展，向高附加值环节顺利攀升。具体来说，本书的主要研究结论有以下几点：

（1）从产业发展现状、双重价值链中的地位现状和产业升级现状三方面分析了京津冀地区装备制造业的现状。在产业发展方面，京津冀地区装备制造业在生产能力、对外贸易水平、外商投资水平、盈利能力、创新投入水平和就业规模上都实现了较快的增长，但与长三角和珠三角地区在规模总量上还存在较大的差距。装备制造业各子行业的各项指标都有一定的增长，在指标总量上，交通运输设备制造业（C36～C37）和计算机通信和其他电子设备制造业（C39）的发展状况较突出。在双重价值链中地位现状方面，京津冀地区装备制造业在国家价值链中具有一定的优势，但在全球价值链中对于进口中间产品的依赖很强，其中 C39 子行业在全球价值链中具有最高的参与度、最低的地位指数。在产业升级现状方面，根据要素禀赋理论对京津冀地区装备制造业产业现状的评价结果显示，京津冀地区装备制造业没有劳动密集型产业，C34、C36 和 C39 3 个子行业属于过渡行业，其余子行业属于资本密集型行业。

（2）识别了科技创新投入、生产性服务业、IFDI 和 OFDI 对京津冀地区装备制造业产业升级的影响机制。在科技创新的影响上，研究发现加入世界贸易组织后，京津冀地区装备制造业的创新产出水平提升较快。从双重价值链的供给侧，创新能力对于创新绩效有最显著的影响，其次是生产能力的影响，表明京津冀地区装备制造业产品的国内竞争力有所提升。从双重价值链的需求侧，生产能力正在逐步提高，国内中间产品的影响越来越大，国内生产中间产品有替代进口中间产品的趋势。在生产性服务业的影响上，京津冀地区装备制造业中技术密集越强的子行业，生产性服务业与装备制造业的正向融合度越高，说明制造业服务化的程度越强，交通运输及仓储业、研究与试验发展两个生产性服务业对装备制造业的正向推动作用较强。在 IFDI 和 OFDI 的影响上，IFDI 对京津冀地区装备制造业在短期和长期内均有正向的推动作用，OFDI 在短期有抑制作用，在长期有小幅的正向推动作用。

（3）构建了双重价值链中产业升级路径的理论模型，考虑产业异质性，识别了京津冀地区装备制造业 8 个子行业的价值链微笑曲线形态，并将京津冀地区装备制造业 8 个子行业分别与理论升级路径进行了匹配。在双重价值链中的产业升级路径模型方面，根据产业升级理论构建了工艺流程升级、产品升级、功能升级和链条升级 4 条路径，分析了各条路径下产业价值链微笑曲线的变化形式；运用增加值平均移动步长，识别了中国装备制造业各子行业在全球价值链中的价值链微笑曲线形态、京津冀地区装备制造业各子行业在国家价值链中的价值链微笑曲线形态。结合第三章和第四章的分析结果与微笑曲线识别结果，将各子行业与各条理论产业升级路径进行匹配，认为 C34、C35 和 C40 3 个子行业符合工艺流程升级和链条升级路径中的路径 1 和路径 5，C36、C37、C38 和 C39 4 个子行业符合产品升级、功能升级和链条升级路径中的路径 2、路径 4 和路径 5，C33 子行业符合功能升级和链条升级路径中的路径 3 和路径 5。

（4）对匹配出的京津冀地区装备制造业各产业升级路径下的升级效率进行了评价。综合京津冀地区装备制造业产业升级现状、产业升级的主要影响因素、产业升级的路径的研究结果，构建了工艺流程升级路径、研发端功能升级和营销服务端功能升级的效率评价指标体系，运用三阶段 DEA – windows 模型，剔除了环境因素和随机扰动的影响，对三种路径下的产业升级效率进行了测度。发现 C37 子行业效率达到了效率前沿，其他子行业都存在效率薄弱环节，其中 C33、C39 和 C40 3 个子行业的规模效率较低是抑制产业升级效率的主要因素。C34、C35、C36 和 C38 4 个子行业的专业升级效率无效是由于纯技术效率无效导致的，且管理无效率是主要的掣肘因素。

本书的主要创新点表现在以下几个方面：

（1）将全球价值链理论与国家价值链理论相结合，拓展增加值分解模型至双重价值链视角，运用分解项构建了区域参与双重价值链的地位和参与度评价指标，弥补了以往研究将全球价值链地位和国家价值链地位割裂分析，解决全球价值链地位和参与度与国家价值链地位和参与度不可比的缺陷，能够准确定位以区域为主体在全球价值链和国家价值链中的地位和参与度，分析出区域参与双重价值链分工的特点。

（2）构建了区域创新绩效的 SDA 分解模型，从供给侧和需求侧两个角度分析出创新投入、生产能力、国家价值链和全球价值链对区域创新绩效的影响。从两方面对以往研究进行了补充：一是在双重价值链视角下进行分析；二是从供给侧和需求侧两方面同时分析，弥补了以往研究仅从供给侧进行研究的缺点。从供给侧可以分析出创新投入、区域生产能力、国内和国外对京津冀地区中间产品和最终产品的需求水平对京津冀地区装备制造业创新绩效的影响，从需求侧可以分析出创新投入、本区域增值能力、国内和国外的中间产品投入对京津冀地区装备制造业创新绩效的影响。

（3）考虑了产业异质性，从实证角度将京津冀地区装备制造业各子行业与理论上的价值链微笑曲线产业升级路径进行了匹配。现有研究不乏以微笑曲线理论为基础提出产业升级路径的文献，但研究大多停留在理论分析层面，或仅用几个企业进行案例分析，并不具有普适性。本书基于现有理论研究，结合京津冀地区装备制造业产业升级现状，构建了价值链微笑曲线产业升级的路径框架。在双重价值链体系下，识别了京津冀地区装备制造业8个子行业在双重价值链中的价值链微笑曲线形态，并将测量结果与理论产业升级路径模型进行了匹配，从产业层面和实证角度对理论研究进行了验证，对京津冀地区装备制造业各子行业的产业升级具有指导作用。

（4）对不同升级路径下的产业升级效率进行了分析。由于产业升级路径的分析大多停留在理论和案例分析层面，不但对具有异质性的不同行业不具有普遍适用性，也无法判断不同行业在不同升级路径下的产业升级效率及存在的问题。本书运用三阶段 DEA – windows 模型对识别和匹配出的不同装备制造业子行业在不同升级路径下的效率进行检验，三阶段 DEA 方法剔除了环境因素和随机干扰的影响，而 DEA – windows 模型能够弥补以往模型无法对面板数据进行检验的缺点。本书模型检验了不同产业在其适宜的升级路径下的升级效率，寻找制约产业升级的效率薄弱环节，进一步完善了双重价值链视角下产业升级的研究。

本书虽然已经取得了一定的研究成果，基本完成了预期目标，但仍存在一些问题需要进一步研究，主要体现在：

（1）增加值平均移动步长法计算的是生产者到最终消费者的平均距离，该距离能够描绘出实际的生产过程中的价值链微笑曲线，但无法完全展现研发端和营销服务端的微笑曲线形态，尚需对测度模型或数据进行进一步的完善。

（2）本书的区域选取为京津冀地区整体，在京津冀协同发展中，北京、天津和河北的发展状况存在不同，三省市的定位和装备制造业发展环境也存在差别，应该在后续研究中进行展开研究。

（3）本书选取的是装备制造业行业，关于其他制造业行业在双重价值链中的产业升级问题，也应该根据行业特点和需要加以深入研究。

参考文献

[1] Aboal D, Tacsir E. Innovation and productivity in services and manufacturing: The role of ICT [J]. Industrial & Corporate Change, 2018, 27 (2): 221 – 241.

[2] Arndt S, Kierzkowski H. Fragmentation new production patterns in the world economybysven W. Arndt, henryk kierzkowski [J]. Weltwirtschaftliches Archiv, 2002 (3): 560 – 566.

[3] Arndt S W. Globalization and the open economy [J]. North American Journal of Economics & Finance, 1997, 8 (1): 71 – 79.

[4] Baldwin R, Lopez – Gonzalez J. Supply – chain trade: A portrait of global patterns and several testable hypotheses [J]. World Economy, 2014, 38 (11): 141 – 142.

[5] Beverelli C, Koopman R, Kummritz V. Domestic foundations of global value chains [J]. Social Science Electronic Publishing, 2016.

[6] Charnes A, Clark C T, Cooper W W, Golany B. A developmental study of data envelopment analysis in measuring the efficiency of maintenance units in the U. S. air forces [J]. Annals of Operations Research, 1984, 2 (1): 95 – 112.

[7] Chen H – C. Entry mode, technology transfer and management delegation of FDI [J]. International Reveiw of Economics & Finance, 2018 (54): 232 – 243.

［8］ Daudin G, Rifflart C, Schweisguth D. Who produces for whom in the world economy? ［J］. Canadian Journal of Economics, 2011, 44 (4): 1403 – 1437.

［9］ Dietzenbacher E, Isidoro R L, Bosma N S. Using average propagation lengths to identify production chains in the andalusian economy ［J］. Estudios de Economia Aplicada, 2005, 23 (2).

［10］ Dietzenbacher E, Los B. Structural decomposition techniques: Sense and sensitivity ［J］. Economic Systems Research, 1998, 10 (4): 307 – 324.

［11］ Dietzenbacher E, Los B. Analyzing decomposition analyses ［M］. London: Palgrave Macmillan, 1997.

［12］ Freeman R. One ring to rule them all? Globalization of knowledge and knowledge creation ［R］. Nber Working Papers, 2013.

［13］ Fried H O, Lovell C K, Schmidt S S, Yaisawarny S. Accounting for environmental effects and statistical noise in data envelopment analysis ［J］. Journal of Productivity Analysis, 2002, 17 (1 – 2): 157 – 174.

［14］ Fried H O, Schmidt S S. Incorporating the operating environment into a nonparametric measure of technical efficiency ［J］. Journal of Productivity Analysis, 1999, 12 (3): 249 – 267.

［15］ Gao B, Xu G, Li W. Seeking legitimacy: Chinese OFDI and domestic isomorphic pressures ［J］. Asian Business & Management, 2017, 16 (1 – 2): 1 – 24.

［16］ Gereffi G, Humphrey J, Sturgeon T. The governance of global value chains ［J］. Review of International Political Economy, 2005, 12 (1): 78 – 104.

［17］ Gereffi G. Beyond the producer – driven Buyer – diven dichotomy: The evolotion of global value chains in the internet era ［J］. IDS Bulletin, 2001, 32 (3): 30 – 40.

［18］ Gereffi G. International trade and industrial upgrading in the apparel commodity chain ［J］. Journal of International Economics, 1999, 48 (1): 37 – 70.

[19] Gereffi G. Commodity chains and global capitalism [M]. Westport, CT: Greenwood Press and Praeger, 1994.

[20] Grossman G M, Helpman E. Managerial incentives and international organizatin of production [J]. Journal of International Economics, 2004, 63 (2): 237 - 262.

[21] Gui - Diby S, Renard M. Foreign direct investment inflows and the industrialization of african countries [J]. World Development, 2015 (74): 43 - 57.

[22] Henderson J. Danger and opportunity in the asia - pacific [C]. London: Routledge: Economic dynamism in the Asia - Pacific: The growth of integration and competitiveness, 1998: 356 - 384.

[23] Hioki S, Hewings G J D, Okamoto N. Identifying the structural changes of China's spatial production linkages using a qualitative input - output analysis [J]. The Journal of Econometric Study of Northeast Asia, 2005, 6 (2): 25 - 48.

[24] Hummels D, Ishii J, Yi K M. The nature and growth of vertical specialization in world trade [J]. Journal of International Economics, 2001, 54 (1): 75 - 96.

[25] Hummels D L, Rapoport D, Yi K M. Vertical specialization and the changing nature of world trade [J]. Social Science Electronic Publishing, 1998, 4 (6): 79 - 99.

[26] Humphrey J, Schmitz H. Governance and upgrading: Linking industrial cluster and global value chain research [R]. IDS Working Paper, 2000.

[27] Humphrey J, Schmitz H. How does insertion in global value chains affect upgrading in industrial clusters? [J]. Regional Studies, 2002, 36 (9): 1017 - 1027.

[28] Jean R J B. What makes export manufacturers pursue functional upgrading in an emerging market? A study of Chinese technology new ventures [J].

International Business Review, 2014, 23 (4): 741 – 749.

[29] Jens H. Established industries as foundations for emerging technological innovation systems: The case of solar photovoltaics in norway [J]. Environmental Innoavtion and Societal Transitions, 2018 (26): 64 – 77.

[30] Johnson R C, Noguera G. Accounting for intermediates: Production sharing and trade in value added [J]. Journal of International Economics, 2012, 86 (2): 224 – 236.

[31] Jones R, Kierzkowski H. The role of services in production and international trade: A theoretical framework [J]. Ajr American Journal of Roentgenology, 1990, 156 (6): 1485 – 1505.

[32] Kaplinsky R, Morris M. A handbook for value chain research [R]. Paper for IDRC, 2001.

[33] Kee H L, Tang H. Domestic value added in exports: Theory and firm evidence from China [J]. American Economic Review, 2016, 106 (6): 1402 – 1436.

[34] Kiyota K. A many – cone world? [J]. Journal of International Economics, 2012, 86 (2): 345 – 354.

[35] Kiyota K. Industrial upgrading in a multiple – cone heckscher – ohlin model: The flying gees patterns of industrial development [J]. Review of Development Economics, 2014, 18 (1): 177 – 193.

[36] Kogut B. Designing global strategies: Profiting from operational flexibility [J]. Sloan Management Review, 1985 (27): 27 – 38.

[37] Kong X, Zhang M, Ramu S. China's semiconductor industry in global value chains [J]. Asia Pacific Business Review, 2016, 22 (1): 150 – 164.

[38] Koopman R, Powers W, Wang Z, Wei S J. Give credit where credit is due: Tracing value added in global production chains [R]. United States International Trade Commision, 2010.

[39] Koopman R, Wang Z, Wei S J. How much chinese exports is really

made in China [R]. National Bureau of Economic Research Working Paper, 2008.

[40] Koopman R, Wang Z, Wei S J. Tracing value – added and double counting in gross exports [J]. Social Science Electronic Publishing, 2014, 104 (2): 459 –494.

[41] Kozo K, Keita O, Katsuhiro Y. Global Value chain and the competitiveness of asian countries [R]. Discussion Papers, 2016.

[42] Kumaraswamy A, Mudambi R, Saranga H, Tripathy A. Catch – up strategies in the indian auto components industry: Domestic firms' responses to market liberalization [J]. Journal of International Business Studies, 2012, 43 (4): 368 –395.

[43] Lawrence P R, Lorsch J W. Organization and environment: Managing differentation and integtation [M]. Harvard Business School Classics, 1986.

[44] Leamer E E, Storper M. The economic geography of the internet age [J]. Journal of International Business Studies, 2001, 32 (4): 641 –665.

[45] Li X. The effects of chinese IFDI and OFDI on industrial upgrading from the perspective of regional heterogeneity [C]. The Proceedings of the International Conference on economy and Enterprise Management, 2016.

[46] Liang R. VAR model analysis on japan's OFDI and Industrial Structural Upgrading [C]. Computational Intelligence and Security (CIS), 2011 Seventh International Conference on IEEE, 2011: 1584 –1588.

[47] Los B, Timmer M P, Vries G J D. How global are global value chains? A new approach to measure international fragmentation [J]. Journal of Regional Science, 2015, 55 (1): 66 –92.

[48] Maurer A, Degain C. Globalization and trade flows: What you see is not what you get [J]. Journal of International Commerce Economics & Policy, 2012, 3 (3): 1 –27.

[49] Meng B, Fang Y, Guo J, Zhang Y. Measuring China's domestic pro-

duction networks through trade in value – added perspectives [J]. Economic Systems Research, 2017, 29 (1): 48 – 65.

[50] Meng B, Yamano N, Inomata S, Xiao H, Wang J. Compilation of a regionally – extended inter – country input – output table and its application to global value chain analysis [J]. Journal of Economic Structures, 2017, 6 (1): 23.

[51] Ngo C N. Local value chain development in vietnam: Motorcycles, technical learning and rents management [J]. Journal of Contemporary Asia, 2017, 47 (1): 1 – 26.

[52] Pei J, Oosterhaven J, Dietzenbacher E. International trade, spillovers and regional income disparity [C]. ARTNet \ WTO Reasearch Workshop on Emerging Trade Issues in Aisa andthe Pacific: Meeting Contemporary Policy Challenge, 2012.

[53] Poon S. Beyond the global production networks: A case of further upgrading of taiwans information technology industry [J]. International Journal of Technology & Globalisation, 2004, 1 (1): 130 – 144.

[54] Porter M E. Competitive advantage: Creating and sustaining superior performance [M]. Free Press, 1985.

[55] Schmitz H. Local upgrading in global chains: Recent findings [C]. Druid Summer Conference on Industrial Dynamics Innovation and Develonment Elsinore Denmark, 2004.

[56] Schott P K. One size fits all? Heckscher – Ohlin specialization in globalition production [J]. American Economic Review, 2003, 93 (3): 686 – 708.

[57] Stehrer R. Trade in value added and the value added in trade [R]. The Vienna Institute for International Economic Studies (Wiiw) Working Paper, 2012.

[58] Sun Y, Grimes S. China's increasing participation in ICT's global value chain: A firm level analysis [J]. Telecommunications Policy, 2016, 40 (2 – 3): 210 – 224.

[59] Taglioni D, Winkler D. Making global value chains work for develop-

ment [M]. International Bank for Reconstruction and Development, 2014.

[60] Wang Z, Powers W, Wei S, Wang Z, Powers W, Wei S J. Value chains in east asian production networks: An international input – output model based analysis [R]. USITC Working Papers, 2009.

[61] Wu W, Liu Y, Chin T. The effect of technology management capability on new product development in China's service – oriented manufacturing firms: A social capital perspective [J]. Asia Pacific Business Review, 2018, 24 (2): 212 – 232.

[62] Wu Y, Song Y, Deng G. Institutional Environment, OFDI, and TFP growth: Evidence from China [J]. Emerging Markets Finance & Trade, 2017, 53 (9): 2020 – 2038.

[63] Xu X, Wang X, Zhang R. The research on influence factors of the servitization of the equipment manufacturing industry under the global value chain (GVC) Perspective [J]. International Journal of Software Engineering & Its Applications, 2015, 9 (5): 289 – 296.

[64] Yin Y, Li K, Luo Y. A demonstrational analysis of relationship between FDI and industrial structure upgrading in China [C]. International Conference on Advances in Education and Management. Berlin, Heidelberg: Springer, 2011.

[65] Zhang F, Gallagher K S. Innovation and technology transfer through global value chains: Evidence from China's PV industry [J]. Energy Policy, 2016 (94): 191 – 203.

[66] 岑丽君. 中国在全球生产网络中的分工与贸易地位——基于 TiVA 数据与 GVC 指数的研究[J]. 国际贸易问题, 2015 (1): 3 – 13, 131.

[67] 柴斌锋, 杨高举. 高技术产业全球价值链与国内价值链的互动——基于非竞争型投入占用产出模型的分析[J]. 科学学研究, 2011, 29 (4): 533 – 540.

[68] 陈巍巍, 张雷, 马铁虎, 刘秋缫. 关于三阶段 DEA 模型的几点研

究[J].系统工程，2014（9）：144－149.

[69] 戴德铸.论政府支持产业集群发展的路径[J].当代经济，2012（19）：60－62.

[70] 邓军.所见非所得：增加值贸易统计下的中国对外贸易特征[J].世界经济研究，2014（1）：35－40.

[71] 丁小义，胡双丹.基于国内增值的中国出口复杂度测度分析——兼论"Rodrik悖论"[J].国际贸易问题，2013（4）：40－50.

[72] 樊茂清，黄薇.基于全球价值链分解的中国贸易产业结构演进研究[J].世界经济，2014（2）：50－70.

[73] 符瑛.全球价值链视角下我国产业集群转型升级影响因素研究[J].科学管理研究，2016（3）：56－59.

[74] 付文林，赵永辉.价值链分工、劳动力市场分割与国民收入分配结构[J].财经研究，2014（1）：50－61.

[75] 高敬峰.进口贸易提高了中国制造行业出口技术含量吗？[J].世界经济研究，2013（3）：29－34，88.

[76] 高运胜，甄程成，郑乐凯.中国制成品出口欧盟增加值分解研究——基于垂直专业化分工的视角[J].数量经济技术经济研究，2015（9）：73－88.

[77] 韩中.全球价值链视角下中国总出口的增加值分解[J].数量经济技术经济研究，2016（9）：129－144.

[78] 何雄浪，张泽义.国际进口贸易技术溢出效应、本国吸收能力与经济增长互动——理论及来自中国的证据[J].世界经济研究，2014（11）：36－41，48，88.

[79] 黄宁，张国胜.演化经济学中的技术赶超理论：理论进展与启示[J].技术经济与管理研究，2015，34（9）：32－37.

[80] 黄先海，余骁.以"一带一路"建设重塑全球价值链[J].经济学家，2017（3）：32－39.

[81] 黄新飞.国际贸易、FDI和国际R&D溢出——基于中国省份面板

数据的实证分析[J].中山大学学报（社会科学版），2018（2）：187-196.

［82］霍影，姜颖，籍丹宁，于丹.人才结构调整与产业结构升级协同适配评价方法研究——高等教育智力支撑视角下以东北三省为例[J].科技管理研究，2014（9）：59-63.

［83］贾妮莎，韩永辉，邹建华.中国双向FDI的产业结构升级效应：理论机制与实证检验[J].国际贸易问题，2014（11）：109-120.

［84］简晓彬，仇方道，车冰清.我国制造业价值链攀升效率的区域分异及空间收敛性[J].经济地理，2016（11）：100-108.

［85］简兆权，伍卓深.制造业服务化的路径选择研究——基于微笑曲线理论的观点[J].科学学与科学技术管理，2011（12）：137-143.

［86］金京，戴翔，张二震.全球要素分工背景下的中国产业转型升级[J].中国工业经济，2013（11）：57-69.

［87］鞠建东，余心玎.全球价值链上的中国角色——基于中国行业上游度和海关数据的研究[J].南开经济研究，2014（3）：39-52.

［88］赖伟娟，钟姿华.中国与欧、美、日制造业全球价值链分工地位的比较研究[J].世界经济研究，2017（1）：125-134.

［89］黎峰.增加值视角下的中国国家价值链分工——基于改进的区域投入产出模型[J].中国工业经济，2016（3）：52-67.

［90］李跟强，潘文卿.国内价值链如何嵌入全球价值链：增加值的视角[J].管理世界，2016（7）：10-22.

［91］李宏，刘坤.FDI影响中间品贸易机制的理论与实证分析[J].南开经济研究，2016（2）：116-128.

［92］李慧，平芳芳.装备制造业产业结构升级程度测量[J].中国科技论坛，2017（2）：80-86.

［93］李建军，孙慧.融入全球价值链提升"中国制造"的国际分工地位了吗？[J].内蒙古社会科学（汉文版），2016（2）：112-118.

［94］李静.初始人力资本匹配、垂直专业化与产业全球价值链跃迁[J].世界经济研究，2015（1）：65-73，128.

［95］李梅，柳士昌．人力资本与国际 R&D 溢出——基于 OFDI 传导机制的实证研究［J］．科学学研究，2011（3）：373－381，402.

［96］林桂军，何武．中国装备制造业在全球价值链的地位及升级趋势［J］．国际贸易问题，2015（4）：3－15.

［97］刘斌，王乃嘉．制造业投入服务化与企业出口的二元边际——基于中国微观企业数据的经验研究［J］．中国工业经济，2016（9）：59－74.

［98］刘斌，魏倩，吕越，祝坤福．制造业服务化与价值链升级［J］．经济研究，2016（3）：151－162.

［99］刘冰，周绍东．基于技术和市场内生互动的中国产业升级路径研究［J］．管理世界，2014（2）：180－181.

［100］刘海洋，林令涛，高璐．进口中间品与出口产品质量升级：来自微观企业的证据［J］．国际贸易问题，2017（2）：39－49.

［101］刘琳．中国参与全球价值链的测度与分析——基于附加值贸易的考察［J］．世界经济研究，2015（6）：71－83.

［102］刘维林，李兰冰，刘玉海．全球价值链嵌入对中国出口技术复杂度的影响［J］．中国工业经济，2014（6）：83－95.

［103］刘维林．产品架构与功能架构的双重嵌入——本土制造业突破 GVC 低端锁定的攀升途径［J］．中国工业经济，2012（1）：152－160.

［104］刘维林．中国式出口的价值创造之谜：基于全球价值链的解析［J］．世界经济，2015（3）：3－28.

［105］刘志彪，张杰．从融入全球价值链到构建国家价值链：中国产业升级的战略思考［J］．学术月刊，2009（9）：59－68.

［106］刘志彪，张少军．中国地区差距及其纠偏：全球价值链和国内价值链的视角［J］．学术月刊，2008（5）：49－55.

［107］刘志彪．从全球价值链转向全球创新链：新常态下中国产业发展新动力［J］．学术月刊，2015（2）：5－14.

［108］刘志彪．国际外包视角下我国产业升级问题的思考［J］．中国经济问题，2009（1）：6－15.

［109］罗登跃．三阶段 DEA 模型管理无效率估计注记［J］．统计研究，2012，29（4）：104 – 107.

［110］马红旗，陈仲常．我国制造业垂直专业化生产与全球价值链升级的关系——基于全球价值链治理视角［J］．南方经济，2012（9）：83 – 91.

［111］毛蕴诗，刘富先，李田．企业升级路径测量量表开发［J］．华南师范大学学报（社会科学版），2016（3）：103 – 117.

［112］毛蕴诗，熊炼．企业低碳运作与引入成本降低的对偶微笑曲线模型——基于广州互太和台湾纺织业的研究［J］．中山大学学报（社会科学版），2011（4）：202 – 209.

［113］毛蕴诗，郑奇志．基于微笑曲线的企业升级路径选择模型——理论框架的构建与案例研究［J］．中山大学学报（社会科学版），2012，52（3）：162 – 174.

［114］孟猛．中国在国际分工中的地位：基于出口最终品全部技术含量与国内技术含量的跨国比较［J］．世界经济研究，2012（3）：17 – 21.

［115］孟萍莉，董相町．生产性服务业 FDI、OFDI 对制造业结构升级的影响——基于灰色关联理论的实证分析［J］．经济与管理，2017（3）：74 – 79.

［116］孟祺．中国出口产品国内技术含量的影响因素研究［J］．科研管理，2013（1）：63 – 69.

［117］孟祺．中国货物出口国内技术含量水平测算及影响因素［J］．科学学研究，2012（4）：526 – 533.

［118］倪红福，夏杰长．中国区域在全球价值链中的作用及其变化［J］．财贸经济，2016（10）：87 – 101.

［119］齐俊妍，王岚．贸易转型、技术升级和中国出口品国内完全技术含量演进［J］．世界经济，2015（3）：29 – 56.

［120］钱方明．基于 NVC 的长三角传统制造业升级机理研究［J］．科研管理，2013，34（4）：74 – 78.

［121］邱斌，叶龙凤，孙少勤．参与全球生产网络对我国制造业价值链

提升影响的实证研究——基于出口复杂度的分析[J].中国工业经济，2012（1）：57-67.

[122] 盛斌，马涛.中国工业部门垂直专业化与国内技术含量的关系研究[J].世界经济研究，2008（8）：61-67，89.

[123] 苏庆义.中国省级出口的增加值分解及其应用[J].经济研究，2016（1）：84-98.

[124] 王飞，郭孟珂.我国纺织服装业在全球价值链中的地位[J].国际贸易问题，2014（12）：14-24.

[125] 王惠，卞艺杰，王树乔，李小聪.地理禀赋、对外贸易与工业技术创新效率——基于面板分位数的经验分析[J].管理评论，2017（3）：40-48.

[126] 王俊，胡雍.中国制造业技能偏向技术进步的测度与分析[J].数量经济技术经济研究，2015（1）：82-96.

[127] 王岚，李宏艳.中国制造业融入全球价值链路径研究——嵌入位置和增值能力的视角[J].中国工业经济，2015（2）：76-88.

[128] 王岚.融入全球价值链对中国制造业国际分工地位的影响[J].统计研究，2014（5）：17-23.

[129] 王敏，冯宗宪.全球价值链、微笑曲线与技术锁定效应——理论解释与跨国经验[J].经济与管理研究，2013（9）：45-54.

[130] 王婷婷，程巍.不同微笑曲线视角下辽宁装备制造业升级的路径选择[J].沈阳大学学报（社会科学版），2016，18（1）：13-16.

[131] 王永进，盛丹，施炳展，李坤望.基础设施如何提升了出口技术复杂度？[J].经济研究，2010（7）：103-115.

[132] 王直，魏尚进，祝坤福.总贸易核算法：官方贸易统计与全球价值链的度量[J].中国社会科学，2015（9）：108-127.

[133] 魏龙，王磊.全球价值链体系下中国制造业转型升级分析[J].数量经济技术经济研究，2017（6）：71-86.

[134] 肖国圣，李波平.基于GVC与微笑曲线理论的浙江纺织服装产

业转型升级障碍分析与路径选择[J]. 生产力研究, 2013 (12): 145 - 146, 151.

[135] 谢锐, 赖明勇, 李董辉, 王腊芳. 东亚国家出口品的国内技术含量动态变迁研究[J]. 系统工程理论与实践, 2013 (1): 125 - 133.

[136] 谢锐, 杨玉华. 中国出口贸易国内技术含量变迁及其国际比较[J]. 国际经贸探索, 2016, 32 (3): 4 - 17.

[137] 姚洋, 张晔. 中国出口品国内技术含量升级的动态研究——来自全国及江苏省、广东省的证据[J]. 中国社会科学, 2008 (2): 67 - 82.

[138] 尹伟华. 中国制造业产品全球价值链的分解分析——基于世界投入产出表视角[J]. 世界经济研究, 2016 (1): 66 - 75.

[139] 岳中刚, 刘志彪. 基于渠道控制的国内价值链构建模式分析: 以苏宁电器为例[J]. 商业经济与管理, 2011, 1 (6): 5 - 12.

[140] 张二震. 中国如何攀升全球价值链——兼评《中国攀升全球价值链: 实现机制与战略调整》[J]. 江海学刊, 2017 (1): 230 - 233.

[141] 张海波. 对外直接投资对母国出口贸易品技术含量的影响——基于跨国动态面板数据模型的实证研究[J]. 国际贸易问题, 2014 (2): 115 - 123.

[142] 张辉. 全球价值链理论与我国产业发展研究[J]. 中国工业经济, 2004 (5): 38 - 46.

[143] 张其仔, 李蕾. 制造业转型升级与地区经济增长[J]. 经济与管理研究, 2017, 38 (2): 97 - 111.

[144] 张少军, 刘志彪. 国内价值链是否对接了全球价值链——基于联立方程模型的经验分析[J]. 国际贸易问题, 2013 (2): 14 - 27.

[145] 张少军. 全球价值链与国内价值链——基于投入产出表的新方法[J]. 国际贸易问题, 2009 (4): 108 - 113.

[146] 张亭, 刘林青. 产品复杂性水平对中日产业升级影响的比较研究——基于产品空间理论的实证分析[J]. 经济管理, 2017 (5): 115 - 129.

[147] 张益丰. 基于 GVC 与 NVC 嵌套式地方产业集群升级研究——兼

论高端制造业与生产者服务业双重集聚[J].上海经济研究，2010（1）：65 – 72.

[148] 赵霞.生产性服务投入、垂直专业化与装备制造业生产率[J].产业经济研究，2017（2）：14 – 26.

[149] 赵勇，齐讴歌，曹林.装备制造业服务化过程及其保障因素——基于陕鼓集团的案例研究[J].科学学与科学技术管理，2012（12）：108 – 117.

[150] 周大鹏.制造业服务化对产业转型升级的影响[J].世界经济研究，2013（9）：17 – 22.

[151] 周忠民.湖南省科技创新对产业转型升级的影响[J].经济地理，2016（5）：115 – 120.

[152] 祝树金，张鹏辉.中国制造业出口国内技术含量及其影响因素[J].统计研究，2013，30（6）：58 – 66.

[153] 卓越，张珉.全球价值链中的收益分配与"悲惨增长"——基于中国纺织服装业的分析[J].中国工业经济，2008（7）：131 – 140.